Denk dich erfolgreich

In 100 Tagen zum ERFOLGS-MINDSET

Ein Arbeitsbuch

Denk dich erfolgreich
In hundert Tagen zum Erfolgs-Mindset
Ein Arbeitsbuch

Auflage 1.0, September 2016
ISBN: 978-1534824447

Text: Christian Obad
Lektorat: Katharina Frier-Obad /www.die-welt-braucht-geschichten.de
Satz & Layout: NUSPA Entwicklungsgesellschaft m.b.H.
Druck: WIRmachenDRUCK GmbH, Stuttgart (Teilauflage)
Druck: Amazon Distribution GmbH, Leipzig (Teilauflage)
Titelillustration mit Verwendung eines Werkes von © RealVector / www.fotolia.de
Illustrationen: Seite 99: Daniel Köchli /pixabay

Copyright © 2016
NUSPA Entwicklungsgesellschaft m.b.H
Kreuzbergstraße 42d, 10965 Berlin
office@nuspa.de

Das Werk einschließlich aller Inhalte ist urheberrechtlich geschützt. Alle Rechte vorbehalten. Nachdruck oder Reproduktion (auch auszugsweise) in irgendeiner Form (Druck, Fotokopie oder anderes Verfahren) sowie die Einspeicherung, Verarbeitung, Vervielfältigung und Verbreitung mit Hilfe elektronischer Systeme jeglicher Art, gesamt oder auszugsweise, ist ohne ausdrückliche schriftliche Genehmigung des Verlages untersagt. Alle Übersetzungsrechte vorbehalten.

Haftungsausschluss
Die Benutzung dieses Buches und die Umsetzung der darin enthaltenen Informationen erfolgt ausdrücklich auf eigenes Risiko. Haftungsansprüche gegen den Verlag und den Autor für Schäden materieller oder ideeller Art, die durch die Nutzung oder Nichtnutzung der Informationen bzw. durch die Nutzung fehlerhafter und/oder unvollständiger Informationen verursacht wurden, sind grundsätzlich ausgeschlossen. Rechts- und Schadenersatzansprüche sind daher ausgeschlossen.

„Ob du glaubst etwas erreichen zu können oder nicht – du wirst recht behalten."

Henry Ford

Vorwort

Liebe Kunden, Partner, Freunde,

jedes Jahr stellt sich uns die Frage, was die kleine Aufmerksamkeit sein könnte, die wir in der Vorweihnachtszeit als Zeichen unserer Verbundenheit mit allen versenden, die COPARGO im laufenden Jahr in besonderer Form begleitet haben.

Mal war es eine Feinkostkiste, mal ein Notizbuch. Das waren nette Aufmerksamkeiten. Ein Lebkuchenhaus zum Selberbauen war auch mal dabei, das war für die Beschenkten eine Überraschung.

In 2016 ist es etwas anderes. Diese Aufmerksamkeit hat einen ganz persönlichen Hintergrund. Das Buch hat mein lieber Geschäftspartner Christian Obad verfasst und im Sommer habe ich es als Betatester von ihm erhalten. Gerade heute, am 5. November bin ich auf der letzten Seite dieses Erfolgstagebuchs angekommen. Ich kann ganz klar sagen: „es wirkt". Über 3 Monate habe ich jeden Morgen hineingeschrieben und jedes Mal habe ich Dankbarkeit, Erfolg und Freude gespürt. Einhundertmal ein Gefühl zu fühlen, hat eine positive Veränderung bewirkt. Ich bin gelassener geworden und bin mir über das Erreichte viel bewusster.

Und so kann ich mir dieses Jahr nichts Schöneres vorstellen, als unseren Kunden, Partnern und Freunden mit diesem Buch auch die Möglichkeit für mehr positive Gefühle zu schenken.

Ich wünsche mir, dass das Büchlein bei Dir / Ihnen genauso gut wirkt wie bei mir.

Oliver Buhr

Habe ich erwähnt, dass
es sich hierbei um
ein Arbeitsbuch handelt?

Es entfaltet seine
Wirkung nur dadurch,
dass du täglich <u>reinschreibst</u>

Eselsohren sind okay!

Lesen nützt nichts

Die schlechte Nachricht lautet: Das Lesen dieses Buchs wird kaum eine Auswirkung auf Ihren Erfolg haben. Die gute Nachricht lautet: In diesem Buch gibt es nur wenig zu lesen. Alles, was Sie wissen sollten, steht auf den nächsten 19 Seiten. Ab Seite 20 sind Sie dran, denn dieses Buch ist ein Arbeitsbuch. Wenn Sie es schaffen, dranzubleiben und in den nächsten hundert Tagen täglich fünf Minuten mit diesem Buch verbringen, etablieren Sie eine Gewohnheit, die Sie dabei unterstützt, Ihre Ziele mit mehr Leichtigkeit zu erreichen. Ihr Erfolg liegt in Ihrer Hand. Ich kann Ihnen eine Tür zeigen, durchgehen müssen Sie allerdings selbst.

An dieser Stelle möchte ich Ihnen das Du anbieten. Die persönliche Form der Ansprache reduziert die Distanz zwischen den Menschen und hat sich in meiner Arbeit als Innovationstrainer und Coach bewährt. Am Ende des Buchs können wir wieder zum Sie wechseln, wenn du das wünschst. Also nochmal:

Wenn du es schaffst, dranzubleiben und in den nächsten hundert Tagen täglich fünf Minuten mit diesem Buch verbringst, etablierst du eine Gewohnheit, die dich dabei unterstützt, deine Ziele mit mehr Leichtigkeit zu erreichen. Dein Erfolg liegt in deiner Hand. Ich kann dir eine Tür zeigen, durchgehen musst du selbst.

Erfolg hat viele Ursachen

Die Ursachen für Erfolg sind vielfältig. Dazu gehören: sich Ziele setzen, Commitments eingehen, planen, sich Unterstützung besorgen, dranbleiben, mit Rückschlägen umgehen, immer wieder aufstehen, fokussieren, Ablenkung vermeiden und vieles mehr. Dazu gibt es viele Bücher mit Ratschlägen und Tipps. Leider ist es damit genauso wie mit diesem Buch: Das Lesen von Büchern bewirkt nur selten eine Veränderung. Bücher transportieren Wissen, doch Wissen allein nützt nichts. Sonst würde es ausreichen, dass so gut wie alle Raucher wissen, dass ihre Gewohnheit äußerst schädlich ist. Sogar knapp 70.000 deutsche Ärztinnen und Ärzte rauchen – und die müssten es nun wirklich wissen. Das einzige, das etwas in deinem Leben verändert, ist das Tun, das Handeln – dein Verhalten.

Ich habe die Biografien erfolgreicher Menschen und viele Ratgeber zum Thema Erfolg gelesen. Ich habe analysiert, was die Unterschiede zwischen Phasen meines eigenen Lebens mit mehr und weniger Erfolg waren, und ich habe meine Hypothesen mit vielen Menschen getestet, die ich in den letzten Jahren beraten und gecoacht habe. Viele von ihnen suchten den Erfolg, wollten ihr Leben verändern und etwas erreichen. Manchen fiel das leichter, andere taten sich extrem schwer damit und haben ihre Ziele nicht erreicht. Der Unterschied lag nicht in ihren Fähigkeiten und Kenntnissen, hatte nichts mit ihrem Startkapital zu tun, mit ihrer Ausbildung oder ihrer Herkunft. Ich glaube, der größte Unterschied zwischen erfolgreichen und erfolglosen Menschen liegt in der Art und Weise, wie sie denken und sich fühlen. Erfolgreiche Menschen haben eine andere innere Einstellung, eine andere Haltung gegenüber der Welt. Ich verwende dafür den Begriff Mindset. Dein Mindset bestimmt, wie du auf die Welt blickst und was sie dir widerspiegelt.

Auch zum Thema Erfolgs-Mindset gibt es Ratgeber mit Erläuterungen und Erklärungen. Ich bin sicher, dass sie alle weder richtig noch falsch sind – denn leider nützt auch hier das Wissen über ein erfolgsförderndes Mindset nicht. Nur weil du darüber gelesen hast, ist dieses Mindset noch nicht Teil deines Denkens und Fühlens.

Gedanken bestimmen die Qualität des Lebens

Was wir Menschen denken und fühlen, bildet die Grundlage unseres Handelns. Unser Handeln oder Nicht-Handeln ist die Grundlage unseres Erfolges. Je besser sich ein Mensch fühlt – voller Selbstvertrauen, Mut, Motivation und Begeisterung – desto eher wird ihm gelingen, was er sich vornimmt. Und nichts anderes ist Erfolg – nämlich das zu erreichen, was du dir vornimmst.

Wenn du dich schlecht fühlst – unsicher, frustriert, deprimiert, traurig, enttäuscht – wirst du deine Ziele nicht in den Blick nehmen oder du gibst bei der ersten Schwierigkeit auf.

Eng damit verknüpft sind deine Gedanken. Wie du denkst, so fühlst du dich. Wer den Fokus seines Denkens auf Sorgen und Ängste, Fehler, Unvermögen und Verunsicherung lenkt, wird sich bald genauso fühlen. Das Gleiche gilt auch umgekehrt: Je mehr du dich mit positiven Gedanken beschäftigst, desto besser fühlst du dich. Und weil Gedanken zu Gefühlen, Gefühle zum Handeln und Handlungen zu Ergebnissen führen, hat deine Art und Weise zu denken einen großen Einfluss auf die Ergebnisse in deinem Leben – deinen Erfolg oder Misserfolg. Es ist alles eine Frage des Mindsets. Ein Kollege brachte es treffend so auf den Punkt: „What you think is what you get."

Mindset zum Erfolg

Womit du dein Hirn beschäftigst, worüber du nachdenkst, ist ganz allein deine Entscheidung. Das mag für dich eine überraschende Erkenntnis sein. Ich kann mir nicht vorstellen, dass sich so viele Menschen mit ihren eigenen Gedanken so runterziehen würden, wie sie es tun, wenn ihnen klar wäre, dass es ihre eigene Entscheidung ist. Wir Menschen sind es durch die Prägung unseres Umfelds, etwa durch Eltern, Schule oder Kollegen, bloß gewohnt, eher die schlechten Gedanken wie Frust, Schuld, Unzufriedenheit oder Neid in unseren Köpfen im Kreis fahren zu lassen statt der guten: nämlich Freude, Stolz, Begeisterung, Dankbarkeit oder Liebe. Dabei ist es eine reine Willensentscheidung. Du kannst an alles denken, was du willst. Die Gedanken sind frei.

Denk zum Beispiel einmal genau jetzt an einen sonnigen Tag am Meer. Die Sonne steht wärmend im Zenit und du spürst die Sonnenstrahlen auf deiner Haut. Die Wellen rollen mit einem sanften, rhythmischen Rauschen an den weißen Sandstrand, du hast den Geruch von Meer und Sonnencreme in der Nase und der leichte Wind spielt mit deinen Haaren. Gib dich ruhig für einen Augenblick diesen Gedanken hin. Es ist ganz einfach.

Ein Erfolgs-Mindset ist ein Mindset, in dem die positiven Gedanken überwiegen: Gedanken, die neue Chancen erschließen, Selbstvertrauen stärken, Hilfsbereitschaft und Dankbarkeit auslösen, humorvoll sind. Alles, was du tun musst, ist so zu denken.

Wie eine Gewohnheit entsteht

Mit diesem Buch möchte ich dich unterstützen, die Gewohnheit zu entwickeln, dich mit nützlichen Gedanken zu beschäftigen. Gewohnheiten sind Verhaltensweisen, die Menschen regelmäßig ausüben, ohne viel darüber nachzudenken. Es ist einfacher, eine neue Gewohnheit zu etablieren, als eine alte loszuwerden. Vereinfacht gesagt entstehen Gewohnheiten durch Wiederholungen von Verhaltensweisen. Wird das Verhalten mit positiven Emotionen verknüpft, entsteht die Gewohnheit schneller. Bei der Frage, wie lange es dauert, bis aus einer Verhaltensweise eine Gewohnheit wird, gehen die Meinungen auseinander. Die Angaben schwanken zwischen 28 und 66 Tagen, in einigen Quellen auch mehr.

100 Tage

Nach einem Regierungswechsel räumt die Presse in vielen Staaten den Newcomern eine hunderttägige Schonfrist ein. Dieses Stillhalteabkommen geht auf Franklin D. Roosevelt zurück, der während der großen Wirtschaftskrise des 20. Jahrhunderts Präsident der USA wurde und sich eine Frist von 100 Tagen erbat, in der sein Reformprogramm erste Erfolge zeigen sollte. Inzwischen ist es üblich, dass nach den ersten hundert Tagen eine Zwischenbilanz über die Erfolge einer neuen Regierung gezogen wird und sich die Medien bis dahin mit Kritik eher zurückhalten.

Ich habe mich für dieses Buch ebenfalls für die Zeitspanne von hundert Tagen entschieden – auch um sicherzugehen, dass sich in deinem Kopf wirklich etwas ändert. Wenn du schneller bist, umso besser: Dann wirst du deine tägliche Übung ganz gewohnheitsmäßig weiterführen.

Dein Unbewusstes als Autopilot

Die Funktionen des Unbewussten sind faszinierend. Wenn du etwas ein paarmal gemacht hast, automatisiert dein Unbewusstes die Abläufe. Vielleicht erinnerst du dich daran, wie du Autofahren gelernt hast. Möglicherweise ging es dir ein bisschen wie mir seinerzeit. Ich war am Anfang vollkommen überfordert mit allem, worauf ich gleichzeitig achten musste: kuppeln, schalten, Gas geben, blinken, Schulterblick, den Straßenverkehr und die Navigation. Nach der ersten Fahrstunde stieg ich schweißgebadet aus dem Fahrschulauto. Nach ein paar tausend gefahrenen Kilometern sieht das bei den meisten Menschen schon ganz anders aus. Ganz nebenbei machst du beim Fahren noch eine Reihe anderer Dinge: reden, telefonieren (natürlich nur mit Freisprecheinrichtung), Radio hören, essen, Nachrichten schreiben oder lesen (keine gute Idee!). Und du fährst von A nach B und hast nach dem Ankommen kaum noch eine Erinnerung daran, welchen Weg du genommen hast oder an wie vielen Ampeln du halten musstest. Dein Unbewusstes hat dir gewissermaßen dabei zugesehen, wie du Auto fährst, und weil du immer wieder gefahren bist, hat es die Abläufe für dich automatisiert. Genau diese fantastische Funktionsweise hilft dir dabei, dein Erfolgs-Mindset zu einer Gewohnheit zu machen.

Den Wahrnehmungsfilter steuern

Bis zu 11 Millionen Sinneseindrücke erreichen jeden Menschen pro Sekunde. Dazu zählt alles, was wir sehen, hören, spüren, schmecken und riechen. Ins Bewusstsein schaffen es davon lediglich fünf bis sieben Wahrnehmungen pro Sekunde, höher ist die Verarbeitungskapazität nicht. Das Unbewusste wirkt also wie ein Filter und liefert dem bewussten Verstand nur einen Bruchteil aller Wahrnehmungen.

Bestimmt kennst du ähnliche Situationen wie diese: Ich bin vor Kurzem Mitglied bei car2go geworden. car2go ist ein standortungebundener Carsharing-Anbieter. Das bedeutet, dass die Autos keine festen Stellplätze haben, sondern nach Gebrauch überall innerhalb des Geschäftsgebiets abgestellt werden können. In Berlin hat car2go dazu über tausend Autos der Marke smart fortwo im Einsatz. Sie waren mir selten aufgefallen – bis ich mich mit dem Carsharing-Anbieter beschäftigt habe und Mitglied geworden bin[1]. Seither ist die Stadt voller Smarts. Und es sind nicht nur die blau-weißen car2go-Smarts, die mir ins Auge fallen. Es muss mindestens nochmal so viele privat genutzte geben. Wo waren die, bevor ich mich mit dem Thema beschäftigt habe? Natürlich gab es sie schon, doch mein Unbewusstes hielt diese Information für nicht relevant und hat sie daher nicht durch den Wahrnehmungsfilter bis in mein Bewusstsein gelassen.

Der Wahrnehmungsfilter funktioniert also ausgezeichnet – und du hast Einfluss auf seine Steuerung. Man könnte auch sagen, dass du deinen Wahrnehmungsfilter selbst programmierst. Würdest du ab heute auf rote Motorräder achten wollen, ist dein Unbewusstes gezielt darauf gerichtet und du würdest dich wundern, wie viele es davon gibt. Genauso funktioniert es mit jeder anderen Sache, auf die du deinen Filter programmierst. In der Regel programmiert auch das Umfeld fleißig mit – der Partner, Eltern, Kollegen, die Chefin – sie alle nehmen Einfluss darauf, was dein Unbewusstes für mitteilenswert hält. Das Unbewusste ist sozusagen nicht wählerisch und lässt sich von deinen Eltern, deinen Lehrern oder anderen Personen programmieren – allerdings nur, solange du es zulässt.

Wie stark dieser Mechanismus wirkt und wie groß dein Einfluss ist, kannst du mit einem kleinen Experiment herausfinden. Such dir einen beliebigen Wochentag außer Freitag aus. Bevor du aufstehst und den Tag beginnst, bleib noch ein paar Minuten im Bett liegen und frage dich und dein Unbewusstes, woran du heute merken wirst, dass es ein ganz schlechter Tag wird. Am nächsten Morgen bleibst du wieder ein paar Minuten länger liegen, fragst dich diesmal aber, woran du merken wirst, dass es ein ganz fantastischer Tag wird. Vergleiche abends, wie die Tage verlaufen sind.

---

[1] Wenn du car2go ausprobieren willst, gibt es hier nähere Informationen: www.car2go.com/de Wenn du bei der Anmeldung den Code 15C3DE12030_obadc angibst, sparst du Geld – und wir beide bekommen darüber hinaus Freiminuten geschenkt.

Vermeiden kognitiver Dissonanz

Kognitive Dissonanz nennt man einen Gefühlszustand, der entsteht, wenn Wahrnehmungen, Gedanken und Einstellungen nicht miteinander vereinbar sind. Es ist ein Zustand, den das menschliche Gehirn zu vermeiden versucht. Wenn du mit der Überzeugung aufstehst, dass ein guter Tag beginnt und dein Unnewusstes darauf programmierst, dir die Beweise dafür zu liefern, dann passen Wahrnehmungen der vielen kleinen und großen Dinge, über die du dich sonst ärgern würdest, nicht dazu. Sie würden zu kognitiver Dissonanz führen. Dein Unbewusstes wird dir daher weniger davon präsentieren. Bist du hingegen mit der Überzeugung aufgestanden, dass es ein fürchterlicher Tag wird, so passen diese Wahrnehmungen hervorragend ins Konzept und dein Unbewusstes präsentiert sie dir stolz als Beweis, dass du recht hattest.

Die Tagebuchseiten, die du ab jetzt täglich ausfüllst, dienen unter anderem der Programmierung deines Wahrnehmungsfilters. Dein Unbewusstes soll deine Wahrnehmung lenken, sodass du ab heute ganz automatisch wahrnimmst, wofür es sich lohnt dankbar zu sein. Dein Unbewusstes wird deine Aufmerksamkeit auf deine großen und kleinen Erfolge lenken. Es wird deine Wahrnehmung erweitern und auch auf die vielen Erkenntnisse und Lernerfahrungen lenken, die du jeden Tag haben kannst.

Das Unbewusste als Suchmaschine

Neben der Steuerung der Wahrnehmung und der Automatisierungsfunktion hat das Unbewusste noch eine spannende Eigenschaft, die du bewusst einsetzen kannst, um zu deinem Erfolgs-Mindset zu kommen.

Seien wir mal ehrlich: Das Leben der meisten Menschen ist aus Sicht des Unbewussten recht langweilig. Die meisten Abläufe und selbst Gedanken sind automatisiert und wiederholen sich von ganz allein. So richtig ausgelastet ist dein Unbewusstes damit nicht. Dabei hat es eine große Kapazität: Du kannst es wie einen Computer oder wie eine Suchmaschine benutzen. Alles, was du tun musst, ist dir Fragen zu stellen. Mit diesen Fragen beschäftigt sich dein Unbewusstes in jeder freien Sekunde und liefert dir Antworten. Damit programmierst du deinen Wahrnehmungsfilter so, dass Informationen, die für die Beantwortung deiner Fragen von Bedeutung sein können, eine Chance haben, in dein Bewusstsein zu gelangen.

Stelle nützliche Fragen

Alles, was in dein Bewusstsein dringt, gelangt aus einem guten Grund dorthin und hängt unmittelbar mit den Fragen zusammen, die du dir stellst. Nutze die Kraft der Suchmaschine in deinem Inneren und stelle ihr die richtigen Fragen. Damit sind Fragen gemeint, die ein Problem lösen und in die Zukunft gerichtet sind. Ein Beispiel: „Warum hat es im Urlaub bloß so viel geregnet?" ist weniger sinnvoll als „Wie finden wir ein Urlaubsziel, das allen Spaß macht?". Sei auch offen für die Antworten, die vielleicht ganz unerwartet zu dir kommen: unter der Dusche, beim Spazierengehen, im Gespräch mit einem Freund. Das Lied, das du im Radio bewusst oder unbewusst wahrnimmst, oder die eine Werbebotschaft unter Tausenden, an die du dich auf dem Weg ins Büro erinnerst, könnten die Antwort auf deine Frage enthalten.

Kenne deine Motivation

Wenn du die hundert Tage mit Leichtigkeit durchhalten möchtest, gilt für dieses Arbeitsbuch das Gleiche wie für jedes andere Ziel, das du dir setzt: Wenn du nicht weißt, warum du es willst, wird es dir unnötig schwerfallen. Wenn dein Handeln keinem Zweck dient, ist die Gefahr groß, dass du bei erster Gelegenheit aufhörst. Bevor du mit der Arbeit mit diesem Buch beginnst, nimm dir etwas Zeit und überlege dir, wozu du überhaupt ein Erfolgs-Mindset haben möchtest. Woran würdest du erkennen, dass du es hast – und was wäre dann in deinem Leben anders? Male dir deine Zukunft mit deinem neuen Mindset mal ganz konkret aus. Unternimm eine Gedankenreise in diese Zukunft: Wie fühlt sich das an? Bade in diesem Gefühl und stell dir alles ganz genau vor. Wenn du auch nur geringe Zweifel hegst und das Gefühl vielleicht doch nicht so gut ist, überlege, ob du deine Motivation wirklich kennst. Ohne Motivation machst du es dir unnötig schwer!

Nur Disziplin funktioniert nicht

Eine Verhaltensänderung auf Disziplin zu begründen, hat eine geringe Erfolgschance. Mit Disziplin arbeitest du gegen einen inneren Widerstand – du musst dich überwinden, um weiterzumachen. So kommst du vielleicht zum Ziel, aber nachhaltig ist der Erfolg meistens nicht. Leicht geht es, wenn du motiviert bist, weil dich dein Ziel so begeistert und dir so gute Gefühle macht, dass du es gar nicht abwarten kannst, endlich loszulegen und immer weiterzumachen.

Durchhaltevermögen ist definitiv ein ganz entscheidender Erfolgsfaktor und gehört zum Erfolgs-Mindset dazu. Henry Ford soll gesagt haben: „Es gibt so viel mehr Menschen, die aufgeben, als solche, die scheitern."

Die Wahrscheinlichkeit, dass du durchhältst, eine neue Denkgewohnheit und damit ein neues Mindset entwickelst, ist recht hoch: Erstens hast du die Entscheidung getroffen, dieses Buch zu kaufen, zweitens ist deine tägliche Aufgabe sehr einfach und dauert nur fünf Minuten, drittens wird dich das Ausführen der Aufgabe immer belohnen, indem du dich gut fühlst – und viertens machst du dir jetzt ausführlich Gedanken darüber, warum du überhaupt ein neues, erfolgreiches Mindset haben willst. Es ist nicht so schlimm, wenn dir zu diesem Zeitpunkt deine Motivation noch nicht ganz klar ist. Wir kommen in einer separaten Übung noch einmal darauf zurück.

Wenn du wirklich sichergehen willst, kannst du dich noch zusätzlich unterstützen, indem du ein Commitment eingehst und dich verpflichtest: Schließe einen Vertrag mit dir selbst.[2] Verpflichte dich – gegenüber dir selbst – an den nächsten hundert Tagen jeweils fünf Minuten zu investieren, um dein Mindset zu verändern. Handle auch eine Vertragsstrafe aus, falls du es nicht tust. Du kannst dich verpflichten, einen Geldbetrag, der durchaus ein bisschen schmerzen darf, an einen wohltätigen Zweck zu spenden – zum Beispiel

---

[2] Du kannst den Vertrag auch mit einer anderen Person schließen. Manchen Menschen hilft das, den Vertrag einzuhalten, ähnlich einer Verabredung zum Sport, die du allein deshalb nicht ausfallen lässt, weil du dann einer anderen Person absagen müsstest. Gerne stehe ich dir als unterstützender Vertragspartner zur Seite. Unter **www.denkdicherfolgreich.de/vertrag** kannst du dich online mir gegenüber verpflichten. Ich werde nach hundert Tagen fragen, ob du dich daran gehalten hast.

an die Initiative Neues Lernen e.V., die sich für die Förderung eines hilfreichen Mindsets bereits an Schulen einsetzt.[3]

So funktioniert es

Für diese Übung benötigst du jeden Tag fünf Minuten Zeit, an manchen Tagen ein wenig mehr. Am besten ist es, wenn du einen festen Zeitpunkt einplanst, an dem du mit diesem Buch arbeitest. Sehr gut geeignet ist die Zeit vor dem Einschlafen, wenn du in Ruhe auf den abgelaufenen Tag zurückblicken kannst. Wenn du ein Morgenmensch bist, fällt es dir vermutlich leichter, die fünf Minuten in deine Morgenroutine einzubauen. Dann lässt du den vergangenen Tag Revue passieren, bevor du deinen neuen Tag startest. Beides ist in Ordnung.

Mach es dir im Sitzen oder Liegen gemütlich. Schließe deine Augen und lass die Bilder und Gedanken kommen und gehen. Lass den Tag in deiner Vorstellung noch einmal vorüberziehen und atme ruhig ein und aus. Nachdem du das ein paar Atemzüge lang gemacht hast, nimmst du nun einen Stift und füllst die Seite des aktuellen Tages aus.

Alle neun Tage gibt es Bonusaufgaben. Nimm dir an solchen Tagen ein wenig mehr Zeit. Wenn du die Bonusaufgabe nicht sofort erledigen kannst, trage dir noch für den selben Tag einen verbindlichen Termin in deinen Kalender ein, um sie zu erledigen. Auch die Bonusaufgaben benötigen nur wenig Zeit.

---

[3] Die Initiative Neues Lernen e.V. (INL) ist eine von mir mitbegründete gemeinnützige Organisation, die an Schulen Workshops durchführt. In diesen Workshops lernen alle Beteiligten, also Eltern, Lehrer und Schüler, wie sie gemeinsam Probleme lösen und Ziele erreichen können. Wir bringen gewissermaßen die Zutaten für ein Erfolgs-Mindset an die Schulen. Damit dies bundesweit in hoher Qualität gelingt, brauchen wir die Unterstützung von vielen – auch finanziell. Darum lade ich dich ein, die INL als Begünstigte in deinem Vertrag mit dir selbst einzusetzen. Und weil ich dir wünsche, dass du dein Ziel erreichst und die hundert Tage voller Leichtigkeit und Freude durchhältst, mache ich dir den Vorschlag, dass du auch im Erfolgsfall an die INL spenden kannst. Du bekommst eine Spendenbescheinigung, die du in deiner Steuererklärung geltend machen kannst. Mehr Informationen findest du unter www.initiative-neues-lernen.de.

Und das sind die täglichen Aufgaben:

Dankbarkeit empfinden

Dankbarkeit ist ein starkes, positives Gefühl. Es beinhaltet Wertschätzung für alles, was dir auf deinem Weg widerfährt und dich in der einen oder anderen Form unterstützt: andere Menschen, glückliche Umstände, Zufälle, das Schicksal, eine Begegnung, eine Begabung – alles, was dir ein gutes Gefühl macht. Dankbare Menschen sind insgesamt glücklicher, aktiver, hilfsbereiter und weniger gestresst. Dankbarkeit scheint zudem auch eng mit verschiedenen Faktoren für Erfolg verknüpft zu sein, etwa Geduld und Ausdauer. Ich möchte dich deshalb einladen, jeden Tag vier Dinge, Menschen, Begegnungen oder Umstände aufzuschreiben, für die du dankbar bist. Fange mit Dingen des abgelaufenen Tages an und ergänze dann um Dinge aus einem beliebigen Zeitraum deines Lebens. Auf diese Weise wirst du am Ende 400 Dinge notiert haben, die dich mit Dankbarkeit erfüllen. Wenn sich das eine oder andere wiederholt, ist das nicht schlimm.

Erfolge feiern

Die Erfolge deiner Vergangenheit sind die Basis für deine zukünftigen Erfolge. Allerdings schenken wir in unserer Gesellschaft den Erfolgen viel zu wenig Aufmerksamkeit. Wir streben nach Zielen, die uns vielleicht sogar unrealistisch erscheinen, wenn wir sie in Angriff nehmen. Doch sobald das Ziel erreicht ist, verliert es seinen Wert und wir wenden uns dem nächsten zu. Viele Menschen halten das, was sie besonders gut können, für selbstverständlich und gehen insgeheim davon aus, dass alle anderen Menschen die gleichen Fähigkeiten haben. Deshalb ist es sehr sinnvoll, sich etwas länger mit den eigenen Erfolgen zu beschäftigen – sie sogar zu feiern. All die großen und kleinen Erfolge in deinem Leben zeigen dir nämlich, dass du bereits erfolgreich bist. Du hast Laufen und Sprechen gelernt und lebst ein selbstständiges Leben. Es gab bereits unzählige große und kleine Herausforderungen, die du gemeistert hast. Du hast schon mal die Erwartungen und dich selbst übertroffen. Das zeigt, dass es möglich ist und dass du es kannst – auch in Zukunft. Deshalb möchte ich dich einladen, jeden Tag drei Erfolge aufzuschreiben. Beginne mit den Erfolgen des abgelaufenen Tages und ergänze dann um Erfolge aus einem beliebigen Zeitraum deines Lebens. Auch Kleinigkeiten zählen! Du darfst zum Beispiel durchaus notieren, wenn du mit Erfolg ein leckeres Essen gekocht hast oder joggen gegangen bist.

Neues lernen

Erfolgreich ist, wer seine Ziele erreicht. Um deine Ziele zu erreichen, tust du Dinge, von denen du glaubst, dass sie dich deinem Ziel näherbringen. Mal funktioniert das, mal nicht. Diese kleinen Rückschläge sind jedoch sehr hilfreich, denn sie zeigen dir, wo du falsche Annahmen getroffen hast, von fehlerhaften Hypothesen oder Glaubenssätzen ausgegangen bist. Sobald du bereit bist, diese Situationen als Möglichkeiten anzunehmen, in denen du etwas lernst, wirst du immer leichter in der Lage sein, deine Richtung zu ändern und dein Ziel schnell zu erreichen. In vielen Innovationsmodellen ist deshalb vom Grundsatz „Scheitere oft und früh" die Rede. Wer nicht bereit ist, auch mal zu scheitern, wird nur schwer vorankommen. Und je früher etwas scheitert, desto weniger Zeit und andere Ressourcen sind verloren.

Dabei sind nicht nur Fehler Quellen des Lernens. Aus den Beobachtungen, die du jeden Tag machst, aus dem Kontakt mit Menschen, Situationen, sogar aus der Natur kannst du eine Menge lernen. Neugier und der Wunsch zu lernen gehören definitiv zu einem Erfolgs-Mindset. In dieser Aufgabe geht es darum, jeden Tag zumindest eine Sache kurz zu reflektieren, die du an diesem Tag gelernt hast – und vielleicht fallen dir auch Lektionen aus deiner Vergangenheit ein.

Häufig lachen

Lachen stärkt die Gesundheit. Das liegt zum Beispiel an den Muskelgruppen, die beim Lachen beansprucht werden, aber auch an den chemischen Vorgängen im Gehirn, wenn du lachst oder zumindest lächelst. Lachen baut Stress ab, stimuliert Herz und Kreislauf und unterstützt Heilungsprozesse. Deshalb besteht diese Aufgabe darin, jeden Tag mindestens eine Sache oder eine Situation aufzuschreiben, die dich zum Lachen gebracht hat. Und wie du inzwischen weißt, fallen dir in der Folge ab jetzt auch immer häufiger lustige Dinge auf.

Fragen stellen

Hier kommen wir noch einmal auf die Fragen zurück, die dein Unbewusstes gern für dich löst. Nutze die Möglichkeit, dein Unbewusstes zu programmieren und gib ihm jeden Tag eine neue Aufgabe zu lösen. Am besten funktionieren Fragen, die mit „Wie" beginnen. Zum Beispiel: „Wie kann ich ...", „Wie wollen wir ...", „Wie geht ..." Indem du sie in diesem Buch aufschreibst, verankerst du sie noch fester in deinem Unbewussten. Du darfst gespannt sein, welche klugen, vielleicht aber auch unerwarteten und überraschenden Antworten du finden wirst.

Die Punkte

Jede Aufgabe, die du auf den folgenden Seiten erledigst, kannst du rechts abhaken. Wenn du fertig bist, zähle die abgehakten Kästchen und trage die Anzahl ins Summenfeld ein. Das sind deine Punkte. Sie dienen dir als Ansporn.

So kannst du jeden Tag bis zu zehn Punkte sammeln. Wenn dir das nicht immer gelingt, ist das nicht schlimm und kein Grund aufzugeben. Alle neun Tage gibt es Bonusaufgaben, mit denen du dein Punktekonto wieder auffüllen kannst.

Hinter den Punkten steckt folgender Zweck: Es gibt Menschen, die sich besser motivieren können, wenn sie ihren Fortschritt messen können. Vielleicht gehörst du dazu? Alle neun Tage kannst du deine Punkte zusammenzählen und mit der Vorperiode vergleich. Schaffst du 1000 Punkte? Oder bist du bereit für einen neuen Highscore? Schummeln bringt übrigens nichts. Du würdest nur dich selbst betrügen.

Anderen Menschen macht das Punktesammeln keinen Spaß. Es setzt sie unter Druck und nimmt ihnen den Spaß an den Aufgaben. Wenn du zu diesen Menschen gehörst, kannst du die Punkte schlicht ignorieren. Dein Erfolg hängt nicht davon ab.

Unterstützung

Ich möchte dich gerne dabei unterstützen, diese hundert Tage möglichst leicht zu schaffen. Dazu findest du rechts den schon weiter oben besprochenen Vertrag mit dir selbst. Fülle ihn gleich jetzt aus und unterschreibe ihn.

Dieser Vertrag ist noch wirkungsvoller, wenn du dein Commitment jemandem mitteilst. Das kann ein Freund oder deine Partnerin sein. Oder du füllst ihn online aus:

www.denkdicherfolgreich.de/vertrag

Nach hundert Tagen werde ich dir eine E-Mail schreiben und dich fragen, ob du deinen Vertrag eingehalten hast.

Bonusmaterial

Ich möchte dir noch eine weitere Form der Unterstützung anbieten, die sich für viele Menschen als hilfreich erwiesen hat: Ich möchte dir helfen, indem ich dich hin und wieder frage, wie gut du vorankommst. Du darfst mir auch deinen Punktestand verraten – natürlich nur, wenn du willst. Trage deine E-Mail-Adresse hier ein:

www.denkdicherfolgreich.de/bonus

Ich sende dir in den nächsten hundert Tagen dann circa einmal pro Woche eine kurze E-Mail. Ich gebe dir Tipps und stelle dir Bonusmaterial in Form von kurzen Videos und Texten zur Verfügung. Alle, die Lust haben, sich mit anderen Menschen auszutauschen, lade ich in eine geheime Facebookgruppe ein. Die Einladung kommt auch per E-Mail, wenn du deine E-Mail-Adresse jetzt hinterlässt:

www.denkdicherfolgreich.de/bonus

Vertrag

Ich, _____, vereinbare mit mir selbst:

§1

Ich möchte ein Erfolgs-Mindset entwickeln.

§2

Ich verpflichte mich, in den hundert Tagen ab dem _____
täglich jeweils fünf Minuten Zeit aufzuwenden, um mein Unterbewusstsein und meinen Wahrnehmungsfilter so zu programmieren, dass es mich bei meinen Vorhaben unterstützt. Dazu werde ich die Übungsaufgabe des jeweiligen Tages erledigen und ins Buch schreiben.

§3

Sollte ich wider Erwarten meiner Verpflichtung nicht nachkommen, werde ich den Betrag von € _____ an die gemeinnützige Organisation spenden:

☐ _____

☐ Initiative Neues Lernen e.V.
   IBAN DE 8043 0609 6711 5828 8600 BIC GENODEM1GLS

_____   _____
      Datum, Ort   Unterschrift

Nun geht's los

Die Tür steht offen. Ich freue mich, wenn du sie – vielleicht jetzt gleich – durchschreitest und erfährst, wie sich dein Denken und damit dein Leben in hundert Tagen durch eine neue Gewohnheit verbessern kann. Viel Spaß dabei!

Tag 0 *Mo 6.6.2016* Ich bin in: *Berlin*

Ich bin dankbar für:

1. *alle, die mir beim Buch auch helfen*
2. *die Unterstützung meiner Lektorin*
3. *meinen Job, oder es mir erlaubt Bücher zu schreiben*
4. *dafür in Deutschland zu leben*

Drei Erfolge:

1. *Text ist fertig zum Druck*
2. *Coverentscheidung getroffen*
3. *10 km radgefahren*

Das habe ich (heute) gelernt:
Wie das Grafikprogramm InDesign funktioniert (Verknüpfen von Text ohne)

Darüber habe ich (heute) gelacht:
ein Witz meines Sohnes...

Diese Frage beschäftigt mich:
Wie erfahren möglichst viele Menschen von diesem Buch?

Summe: *10* :)

„Im Leben gibt es etwas Schlimmeres als keinen Erfolg zu haben: Das ist, nichts unternommen zu haben."

Franklin D. Roosevelt

Tag 1

.... Ich bin in:..............................
☐ ☀ ☐ ☁ ☐ 🌧 ☐ 🌧 ☐🌡

Ich bin dankbar:

1... ☐

2... ☐

3... ☐

4... ☐

Drei Erfolge:

1... ☐

2... ☐

3... ☐

Das habe ich (heute) gelernt: ☐

Darüber habe ich (heute) gelacht: ☐

Diese Frage beschäftigt mich: ☐

Summe:............

Tag 2

.... Ich bin in:.......................................
☐☀ ☐☁ ☐🌧 ☐🌦 ☐🌡

Ich bin dankbar:

1... ☐

2... ☐

3... ☐

4... ☐

Drei Erfolge:

1... ☐

2... ☐

3... ☐

| Das habe ich (heute) gelernt: | ☐ |

| Darüber habe ich (heute) gelacht:* | ☐ |

| Diese Frage beschäftigt mich: | ☐ |

* *Schmunzeln gilt auch!*   Summe:.............

Tag 3

.... Ich bin in:..................................
☐☼ ☐☁ ☐🌧 ☐🌧 ☐🌡

Ich bin dankbar:

1.. ☐

2.. ☐

3.. ☐

4.. ☐

Drei Erfolge:

1.. ☐

2.. ☐

3.. ☐
4. Ich kann lesen und schreiben

| Das habe ich (heute) gelernt: | ☐ |

| Darüber habe ich (heute) gelacht: | ☐ |

| Diese Frage beschäftigt mich: | ☐ |

Summe:.............

Tag 4

.... Ich bin in:..................................

☐ ☼ ☐ ☁ ☐ 🌧 ☐ 🌧 ☐ 🌡

Ich bin dankbar:

1.. ☐

2.. ☐

3.. ☐

4.. ☐

Drei Erfolge:

1.. ☐

2.. ☐

3.. ☐

Das habe ich (heute) gelernt:	☐

Darüber habe ich (heute) gelacht:	☐

Diese Frage beschäftigt mich:	☐

Summe:..............

Gratulation!

Du hast begonnen, die ersten vier Tage sind vorbei und du hast erste Erfahrungen mit der Arbeit mit diesem Buch gemacht. Und du wirst vielleicht bemerkt haben, dass es Aufgaben gibt, die dir leichter fallen, und andere, die dir noch nicht ganz so leicht von der Hand gehen. Um dir Mut zu machen dranzubleiben, habe ich hier ein paar Tipps gesammelt, die ich zum Teil von meinen Betatestern und anderen Lesern bekommen habe:

Wiederholungen sind erlaubt

Manche Leser haben zurückgemeldet, dass sie Schwierigkeiten damit hatten, sich nicht zu wiederholen. „Darf ich denn etwas aufschreiben, dass ich schon mal aufgeschrieben habe?" Ja natürlich. Wichtiger als die Ergebnisse, die du aufschreibst, ist die Tatsache, dass du darüber nachdenkst. Und wenn du an zwei Tagen für die selbe Sache Dankbarkeit empfindest, ist das vollkommen in Ordnung.

Einen Tag aussetzen

Du hast einen Tag ausgesetzt? Kein Problem. Es gibt mehrere Möglichkeiten damit umzugehen:

- Du kannst den ausgelassenen Tag einfach freilassen. Bei der einen oder anderen Bonusaufgabe hast du dann immer noch Gelegenheit, die Lücken zu schließen.
- Du kannst den ausgelassenen Tag einfach weglassen und nahtlos weiterschreiben. Insgesamt dauert deine Arbeit mit dem Buch dann mehr als hundert Tage, aber dafür hast du am Ende auch hundert Tage lang die Übungen gemacht.
- Du kannst den ausgelassenen Tag nachträglich ausfüllen. Woran erinnerst du dich noch einen oder zwei Tage später?

Wie du dieses Buch nutzt, ist auch ein Symbol dafür, wie du generell mit Dingen umgehst, die du dir vorgenommen hast. Ist es wirklich eine gute Idee, ein Vorhaben aufzugeben, nur weil mal an dem einen oder anderen Tag keine Zeit war, daran zu arbeiten?

Mach es dir leicht

Egal ob es um Dankbarkeit oder Erfolge geht: Es muss nicht immer etwas Großes sein. Es geht auch um die vielen Kleinigkeiten, die dein Leben ausmachen und es lebenswert machen. Schreib sie alle auf! Bei der Dankbarkeit kannst du dir eine beliebige Alltagssituation vorstellen. Denk darüber nach, wie es wäre, wenn irgendetwas fehlte, das du heute schon hast oder erlebst. Dabei entwickelst du vielleicht Dankbarkeit für Dinge, die dir vollkommen selbstvertändlich erscheinen, während sie für viele andere Menschen ein großer Luxus wären.

Das Gleiche gilt für deine Erfolge. Wenn du dich damit noch schwertust, dann nimm auch hier die kleinen Erfolge – Treppe genommen statt Aufzug – oder schaffe dir tagsüber Gelegenheiten für kleine Erfolge: Du weißt, Erfolg ist nichts anderes, als ein Ziel zu erreichen, dass du dir gesetzt hast. Setz dir Ziele! Und dann gibt es noch die Fülle aus deiner Vergangenheit, die du auch jederzeit aufschreiben darfst: Das Erlernen deiner Muttersprache oder einer Fremdsprache, dein Schulabschluss, der Führerschein, der erste Job, ein erfolgreiches Projekt, ein sportlicher Erfolg ... Es geht bei diesem Buch nicht um Superlative, sondern um den Fokus.

Zusammenarbeit

Ein Lesertipp war es, das Buch zusammen mit dem Partner oder der Partnerin zu bearbeiten, um sich einerseits austauschen zu können und sich andererseits zu motivieren dranzubleiben. Manchmal haben andere Menschen noch einen besseren Blick darauf, was uns erfolgreich macht oder erinnern uns daran, worüber wir gelacht haben.

Lass dich unterstützen – Bonusmaterial

Wenn du es noch nicht getan hast, schick mir deine E-Mail-Adresse, damit ich dich hin und wieder mit einem kleinen Impuls unterstützen kann, zum Beispiel mit einem Tipp, einer Erinnerung, einem kurzen Video oder Text:

www.denkdicherfolgreich.de/bonus

Tag 5

.... Ich bin in:..................................
☐ ☀ ☐ ☁ ☐ 🌦 ☐ 🌧 ☐🌡

Ich bin dankbar:

1... ☐

2... ☐

3... ☐

4... ☐

Drei Erfolge:

Ein Erfolg aus dem letzten Jahr

1... ☐

2... ☐

3... ☐

Das habe ich (heute) gelernt: ☐

Darüber habe ich (heute) gelacht: ☐

Diese Frage beschäftigt mich: ☐

Summe:..............

Tag 6

.... Ich bin in:..................................
☐ ☀ ☐ ☁ ☐ 🌦 ☐ ☁ [   ]🌡

Ich bin dankbar:

1.. ☐

2.. ☐

3.. ☐

4.. ☐

Drei Erfolge:

1.. ☐

2.. ☐

3.. ☐

Das habe ich (heute) gelernt:	☐

Darüber habe ich (heute) gelacht:	☐

Diese Frage beschäftigt mich:	☐

Summe:.............

Tag 7

.... Ich bin in:......................................

☐☀ ☐☁ ☐🌦 ☐🌧 ☐🌡

Ich bin dankbar:

1.. ☐

2.. ☐

3.. ☐

4.. ☐

Drei Erfolge:

1.. ☐

2.. ☐

3.. ☐

| Das habe ich (heute) gelernt: | ☐ |

| Darüber habe ich (heute) gelacht: | ☐ |

| Diese Frage beschäftigt mich: | ☐ |

Summe:..............

Tag 8

.... Ich bin in:..........................
☐ ☀ ☐ ☁ ☐ 🌧 ☐ 🌧 ☐🌡

Ich bin dankbar:

1... ☐

2... ☐

3... ☐

4... ☐

Drei Erfolge:

1... ☐

2... ☐

3... ☐

4. Habe eine Sprache gelernt (deutsch)

| Das habe ich (heute) gelernt: | ☐ |

| Darüber habe ich (heute) gelacht: | ☐ |

| Diese Frage beschäftigt mich: | ☐ |

Summe:............

Tag 9

.... Ich bin in:..................................

☐☀ ☐☁ ☐🌧 ☐🌧 ☐🌡

Ich bin dankbar:

1... ☐

2... ☐

3... ☐

4... ☐

Drei Erfolge:

1... ☐

2... ☐

3... ☐

Das habe ich (heute) gelernt:	☐

Darüber habe ich (heute) gelacht:	☐

Diese Frage beschäftigt mich:	☐

Summe:..............

Bonusaufgabe 1

Neun Tage sind vergangen und es ist Zeit für die erste Bonusaufgabe. Sie geht sehr schnell. Nimm dir noch ein paar Minuten Zeit und lies dir die Seiten der ersten neun Tage noch einmal in Ruhe durch: alles wofür du dankbar warst, deine Erfolge, was du gelernt hast, worüber du gelacht hast und welche Fragen dich in den letzten neun Tagen beschäftigt haben. Vielleicht willst du jetzt an der einen oder anderen Stelle etwas ergänzen, falls es da noch Lücken gab. Für jede Ergänzung gibt es einen Bonuspunkt.

Als nächstes kannst du nun deine Punkte der neun Tage in die untenstehende Tabelle eintragen und das Ergebnis rechts in die Skala übertragen, indem du die Fläche unterhalb deiner Punktezahl ausmalst – wie bei einem Thermometer. Hast du weniger als 100 Punkte erreicht? Das ist nicht schlimm. Hauptsache, du hast dir wirklich täglich die fünf Minuten Zeit genommen und über die Aufgaben nachgedacht. Je schwerer es dir anfangs fällt, Dankbarkeit und Erfolge zu finden, desto leichter fällt es dir, nachdem du dich einige Tage damit beschäftigt hast. Jeder Mensch hat da eine andere Geschwindigkeit.

Mit den Bonusaufgaben weiter hinten in diesem Buch kannst du Punkte, die dir jetzt fehlen, auch wieder aufholen.

Und wenn dir das Punktesammeln nichts bringt, dann lass es einfach weg. Für dein Erfolgs-Mindset geht es nur darum, dass du eine neue Gewohnheit zu denken entwickelst, und dafür ist es wichtig, wirklich täglich – möglichst zu selben Zeit – die Übungen zu machen.

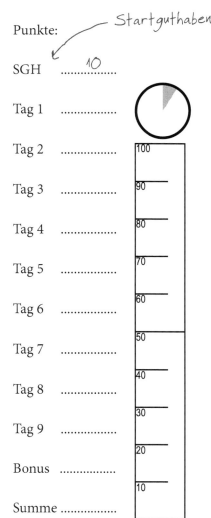

Punkte: — Startguthaben

SGH .... 10 ....

Tag 1 ....

Tag 2 ....

Tag 3 ....

Tag 4 ....

Tag 5 ....

Tag 6 ....

Tag 7 ....

Tag 8 ....

Tag 9 ....

Bonus ....

Summe ....

Tag 10

.... Ich bin in:..................................

☐ ☀ ☐ ☁ ☐ 🌧 ☐ 🌧 ☐ 🌡

Ich bin dankbar:

1.. ☐

2.. ☐

3.. ☐

4.. ☐

Drei Erfolge:

1.. ☐

2.. ☐

3.. ☐

| Das habe ich (heute) gelernt: | ☐ |

| Darüber habe ich (heute) ~~gelacht:~~ gestaunt: | ☐ |

| Diese Frage beschäftigt mich: | ☐ |

Summe:..............

Tag 11

.... Ich bin in:..
☐ ☀ ☐ ☁ ☐ 🌦 ☐ 🌧 ☐ 🌡

Ich bin dankbar:

1.. ☐

2.. ☐

3.. ☐

4.. ☐

Drei Erfolge:

1.. ☐

2.. ☐

3.. ☐

Das habe ich (heute) gelernt:	☐

Darüber habe ich (heute) gelacht:	☐

Diese Frage beschäftigt mich:	☐

Summe:..............

Tag 12

.... Ich bin in:..................................

☐ ☀ ☐ ☁ ☐ 🌦 ☐ 🌧 ☐ 🌡

Ich bin dankbar:

1.. ☐

2.. ☐

3.. ☐

4.. ☐

Drei Erfolge:

1.. ☐

2.. ☐

3.. ☐

| Das habe ich (heute) gelernt: | ☐ |

| Darüber habe ich (heute) gelacht: | ☐ |

| Diese Frage beschäftigt mich: | ☐ |

Summe:.............

Tag 13

.... Ich bin in:..................................

☐☀ ☐☁ ☐🌦 ☐🌧 ☐🌡

Ich bin dankbar:

1.. ☐

2.. ☐

3.. ☐

4.. ☐

Drei Erfolge:

1.. ☐

2.. ☐

3.. ☐

Ein Erfolg aus den letzten 10 Jahren

| Das habe ich (heute) gelernt: | ☐ |

| Darüber habe ich (heute) gelacht: | ☐ |

| Diese Frage beschäftigt mich: | ☐ |

Summe:............

Tag 14

....   Ich bin in:..................................

☐ ☀ ☐ ☁ ☐ 🌧 ☐ 🌧 ☐ 🌡

Ich bin dankbar:

1.. ☐

2.. ☐

3.. ☐

4.. ☐

Drei Erfolge:

1.. ☐

2.. ☐

3.. ☐

Das habe ich (heute) gelernt:	☐

Darüber habe ich (heute) gelacht:	☐

~~Diese Frage beschäftigt mich~~: Morgen will ich DAS schaffen:	☐

Summe:............

Tag 15

.... Ich bin in:..
☐☀ ☐☁ ☐🌧 ☐🌧 ☐🌡

Ich bin dankbar:

1... ☐

2... ☐

3... ☐

4... ☐

Drei Erfolge:

1... ☐

2... ☐

3... ☐

Das habe ich (heute) gelernt: ☐

Darüber habe ich (heute) gelacht: ☐

Diese Frage beschäftigt mich: ☐

Summe:..............

Tag 16

.... Ich bin in:..................................

☐☀︎ ☐☁︎ ☐🌦 ☐🌧 ☐🌡

Ich bin dankbar:

1.. ☐

2.. ☐

3.. ☐

4.. ☐

Drei Erfolge:

1.. ☐

2.. ☐

3.. ☐

Das habe ich (heute) gelernt: ☐

Darüber habe ich (heute) gelacht: ☐

Diese Frage beschäftigt mich: ☐

Summe:............

Tag 17

.... Ich bin in:..................................

☐☀ ☐☁ ☐🌧 ☐🌧 ☐🌡

Ich bin dankbar:

1.. ☐

2.. ☐

3.. ☐

4.. ☐

Drei Erfolge:

1.. ☐

2.. ☐

3.. ☐

| Das habe ich (~~heute~~) gelernt: *von meiner Mutter* | ☐ |

| Darüber habe ich (heute) gelacht: | ☐ |

| Diese Frage beschäftigt mich: | ☐ |

Summe:...........

Tag 18

.... Ich bin in:..................................

☐ ☀ ☐ ☁ ☐ 🌦 ☐ 🌧 ☐🌡

Ich bin dankbar:

1.. ☐

2.. ☐

3.. ☐

4.. ☐

Drei Erfolge:

1.. ☐

2.. ☐

3.. ☐

Das habe ich (heute) gelernt: ☐

Darüber habe ich (heute) gelacht: ☐

Diese Frage beschäftigt mich: ☐

Summe:..............

Bonusaufgabe 2

Erfolgreich zu sein bedeutet, dass du Ziele erreichst, die du dir gesetzt hast. Doch das Definieren von Zielen fällt nicht allen Menschen gleichermaßen leicht. Wir werden in den verbleibenden 82 Tagen noch einmal zu dem Thema zurückkehren. Zunächst möchte ich dich heute aber erst einmal zum Träumen und Wünschen einladen. Auf den nächsten vier Seiten ist Platz für deine Löffelliste. Damit ist die Liste der Dinge gemeint, die du noch erleben, haben oder sein möchtest, bevor du den Löffel abgibst. Diese Löffelliste oder bucket list wurde berühmt durch den Film „Das Beste kommt zum Schluss" mit Jack Nicholson und Morgan Freeman. Im Film erfahren die beiden, dass sie nur noch ein Jahr zu leben haben, was sie dazu bringt, ihre Löffelliste abzuarbeiten: Rennwagen fahren, die Pyramiden besteigen, Fallschirmspringen und so weiter. Diese Liste sieht natürlich für jeden Menschen anders aus. Es ist eine schöne Übung, dir Gedanken darüber zu machen, was du dir vom Leben wünschst. Was sind also die Dinge, die du haben möchtest? Was möchtest du unbedingt noch erleben, was und wie möchtest du sein?

Bevor du dich über die Liste auf den nächsten Seiten hermachst, blättere noch einmal durch deine Aufzeichnungen der letzten 18 Tage und lies dir deine Erfolge durch. Schau auch durch, wofür du dankbar bist und was dich zum Lachen gebracht hat.

Blättere dann um und beginne deine Löffelliste auszufüllen. Schreib so weit du kommst und so weit du Lust hast.[4] Für jede Position auf deiner Löffelliste gibt es einen Bonuspunkt.

Zähle dann die Punkte der Tage 10 bis 18 und deine heutigen Bonuspunkte zusammen und übertrage sie in die Skala ganz rechts.

Punkte:

Tag 10 ....
Tag 11 ....
Tag 12 ....
Tag 13 ....
Tag 14 ....
Tag 15 ....
Tag 16 ....
Tag 17 ....
Tag 18 ....
Bonus ....
Summe: ....

[4] Wenn du magst, kannst du dich auf der Website www.bucketlist.org inspirieren lassen.

MEINE LÖFFELLISTE

01 ....

02 ....

03 ....

04 ....

05 ....

06 ....

07 ....

08 ....

09 ....

10 ....

11 ....

12 ....

13 ....

14 ....

15 ....

16 ....

17 ....

18 ....

19 ....

20 ....

21 ....

22 ....

23 ....

24 ....

25 ....

26 ....

27 ....

28 ....

29 ....

30 ....

31 ....

32 ....

33 ....

34 ....

35 ....

36 ....

37 ....

38 ....

39 ....

40 ....

41 ....

42 ....

43 ....

44 ....

45 ....

46 ....

47 ....

Tag 19

.... Ich bin in:........................
☐☀ ☐☁ ☐🌧 ☐🌦 ☐🌡

Ich bin dankbar:

1... ☐

2... ☐

3... ☐

4... ☐

Drei Erfolge:

Ein Erfolg aus deiner Schulzeit →

1... ☐

2... ☐

3... ☐

Das habe ich (heute) gelernt: ☐

Darüber habe ich (heute) gelacht: ☐

Diese Frage beschäftigt mich: ☐

Summe:............

Tag 20

.... Ich bin in:..
☐ ☀ ☐ ☁ ☐ 🌦 ☐ 🌧 ☐ 🌡

Ich bin dankbar:

1... ☐

2... ☐

3... ☐

4... ☐

Drei Erfolge:

1... ☐

2... ☐

3... ☐

Das habe ich (heute) gelernt: ☐

Darüber habe ich (heute) gelacht: ☐

Diese Frage beschäftigt mich: ☐

Summe: ....

Tag 21

.... Ich bin in:........................
☐☀ ☐☁ ☐🌧 ☐🌧 ☐🌡

Ich bin dankbar:

1.. ☐

2.. ☐

3.. ☐

4.. ☐

Drei Erfolge:

1.. ☐

2.. ☐

3.. ☐

| Das habe ich (heute) gelernt: | ☐ |

| Darüber habe ich (heute) gelacht: | ☐ |

| Diese Frage beschäftigt mich: | ☐ |

Summe:............

Tag 22

.... Ich bin in:..................................
☐☀ ☐☁ ☐🌧 ☐🌧 ☐🌡

Ich bin dankbar:

1.. ☐

2.. ☐

3.. ☐

4.. ☐

Etwas, das meine Großeltern noch nicht hatten

Drei Erfolge:

1.. ☐

2.. ☐

3.. ☐

Das habe ich (heute) gelernt:	☐

Darüber habe ich (heute) gelacht:	☐

Diese Frage beschäftigt mich:	☐

Summe:.............

Tag 23

.... Ich bin in:..
☐ ☀ ☐ ☁ ☐ 🌦 ☐ ☁ ☐🌡

Ich bin dankbar:

1... ☐

2... ☐

3... ☐

4... ☐

Drei Erfolge:

1... ☐

2... ☐

3... ☐

| Das habe ich (heute) gelernt: | ☐ |

| Darüber habe ich (heute) gelacht: | ☐ |

| Diese Frage beschäftigt mich: | ☐ |

Summe:............

Tag 24

Ich bin in: ....
☐☀ ☐☁ ☐🌧 ☐🌧 ☐🌡

Ich bin dankbar:

1. .... ☐

2. .... ☐

3. .... ☐

4. .... ☐

Drei Erfolge:

1. .... ☐

2. .... ☐

3. .... ☐

Das habe ich (heute) gelernt:	☐

Darüber habe ich (heute) gelacht:	☐

Diese Frage beschäftigt mich:	☐

Summe: ....

Tag 25

.... Ich bin in:..

☐ ☀ ☐ ☁ ☐ 🌦 ☐ ☁ ☐🌡

Ich bin dankbar:

1... ☐

2... ☐

3... ☐

4... ☐

Drei Erfolge:

1... ☐

2... ☐

3... ☐

Das habe ich (heute) gelernt:	☐

Darüber habe ich (heute) gelacht:	☐

Diese Frage beschäftigt mich:	☐

Summe:............

Tag 26

.... Ich bin in:..
☐☀ ☐☁ ☐🌧 ☐🌧 ☐🌡

Ich bin dankbar:

1... ☐

2... ☐

3... ☐

4... ☐

Drei Erfolge:

1... ☐

2... ☐

3... ☐

| Das habe ich (heute) gelernt: | ☐ |

| Darüber habe ich (heute) gelacht: | ☐ |

| Diese Frage beschäftigt mich: | ☐ |

Etwas, das deine Eltern nicht geschafft haben

Summe:.............

Tag 27

.... Ich bin in:................................

☐☀ ☐☁ ☐🌧 ☐🌧 ☐🌡

Ich bin dankbar:

1.. ☐

2.. ☐

3.. ☐

4.. ☐

Drei Erfolge:

1.. ☐

2.. ☐

3.. ☐

| Das habe ich (heute) gelernt: | ☐ |

| Darüber habe ich (heute) gelacht: | ☐ |

| Diese Frage beschäftigt mich: | ☐ |

Summe:...............

Bonusaufgabe 3

Ein Monat ist fast vorbei. Wenn du deine fünf Minuten bisher wirklich regelmäßig genutzt hast, ist die Chance groß, dass sich in deinem Unbewussten schon jetzt eine Gewohnheit etabliert hat, die dich mit einem veränderten Blick auf dein Leben schauen lässt. Auch deine heutige Bonusaufgabe beginnt damit, die Aufzeichnungen der letzten 27 Tage noch einmal durchzulesen. Schenke heute deinen Erfolgen besonderes Augenmerk und überlege dir, ob du die einzelnen Erfolge schon ausreichend gefeiert hast. Markiere jene Eintragungen mit einem Sternchen, die noch eine Feier wert sind. In unserer Gesellschaft vergessen wir oft, das Erreichen von Zielen – also Erfolge – zu belohnen. Sammle hier Ideen, wie du diese Erfolge noch feiern kannst. Für jede Idee gibt es einen Bonuspunkt.

Punkte:

1 ....
2 ....
3 ....
4 ....
5 ....
6 ....
7 ....
8 ....
9 ....
10 ....

Tag 19 ....
Tag 20 ....
Tag 21 ....
Tag 22 ....
Tag 23 ....
Tag 24 ....
Tag 25 ....
Tag 26 ....
Tag 27 ....
Bonus ....
Summe: ....

Reserviere dir jetzt in deinem Kalender für die nächsten neun Tage Zeit zum Feiern dieser Erfolge. Mit wem möchtest du feiern?

Tag 28

.... Ich bin in:..............................
☐ ☀ ☐ ☁ ☐ 🌧 ☐ 🌧 ☐ 🌡

Ich bin dankbar:

1.. ☐

2.. ☐

3.. ☐

4.. ☐

Drei Erfolge:

1.. ☐

2.. ☐

3.. ☐

Das habe ich (heute) gelernt: ☐

Darüber habe ich (heute) gelacht: ☐

Diese Frage beschäftigt mich: ☐

» Man kann niemanden überholen, wenn man in seine Fußstapfen tritt. «
- Francois Truffaut

Summe:..............

Tag 29

.... Ich bin in:..................................

☐☀ ☐☁ ☐🌧 ☐🌧 ☐🌡

Ich bin dankbar:

1.. ☐

2.. ☐

3.. ☐

4.. ☐

Drei Erfolge:

1.. ☐

2.. ☐

3.. ☐

Das habe ich (heute) gelernt:	☐

Darüber habe ich (heute) gelacht:	☐

Diese Frage beschäftigt mich:	☐

Summe:..............

Tag 30

.... Ich bin in:..............................
☐ ☀ ☐ ☁ ☐ 🌧 ☐ 🌦 ☐ 🌡

Ich bin dankbar:

1.. ☐

2.. ☐

3.. ☐

4.. ☐

Drei Erfolge:

1.. ☐

2.. ☐

3.. ☐

| Das habe ich (heute) gelernt: | ☐ |

| Darüber habe ich (heute) gelacht: *(zeichnen, nicht schreiben!)* | ☐ |

| Diese Frage beschäftigt mich: | ☐ |

Summe:..............

Tag 31

.... Ich bin in:.......................................
☐☼ ☐☁ ☐🌧 ☐🌧 ☐🌡

Ich bin dankbar:

1.. ☐

2.. ☐

3.. ☐

4.. ☐

Drei Erfolge:

1.. ☐

2.. ☐

3.. ☐

Das habe ich (heute) gelernt:	☐

Darüber habe ich (heute) gelacht:	☐

Diese Frage beschäftigt mich:	☐

Summe:............

Tag 32

....   Ich bin in:..................................
☐ ☀ ☐ ☁ ☐ 🌦 ☐ 🌦 ☐ 🌡

Ich bin dankbar:

1.. ☐

2.. ☐

3.. ☐

4.. ☐

Drei Erfolge:

1.. ☐

2.. ☐

3.. ☐

4. Schon seit 32 Tagen an diesem Buch dran geblieben

Das habe ich (heute) gelernt: ☐

Darüber habe ich (heute) gelacht: ☐

Diese Frage beschäftigt mich: ☐

Summe:..............

Tag 33

.... Ich bin in:................................
☐ ☀ ☐ ☁ ☐ 🌦 ☐ 🌧 ☐🌡

Ich bin dankbar:

1.. ☐

2.. ☐

3.. ☐

4.. ☐

Drei Erfolge:

1.. ☐

2.. ☐

3.. ☐

Das habe ich (heute) gelernt:	☐

Darüber habe ich (heute) gelacht:	☐

Diese Frage beschäftigt mich:	☐

Summe:.............

Tag 34

.... Ich bin in:................................
☐ ☀ ☐ ☁ ☐ 🌧 ☐ ☁ ☐🌡

Ich bin dankbar:

1... ☐

2... ☐

3... ☐

4... ☐

Drei Erfolge:

1... ☐

2... ☐

3... ☐

Das habe ich (heute) gelernt: ☐

Darüber habe ich (heute) gelacht: ☐

Diese Frage beschäftigt mich: ☐

Summe:............

Tag 35

.... Ich bin in:......................................
☐☀ ☐☁ ☐🌧 ☐🌧 ☐🌡

Ich bin dankbar:

1.. ☐

2.. ☐

3.. ☐

4.. ☐

Drei Erfolge:

1.. ☐

2.. ☐

3.. ☐

| Das habe ich (heute) gelernt: | ☐ |

| Darüber habe ich (heute) gelacht: | ☐ |

| Diese Frage beschäftigt mich: | ☐ |

Summe:.............

Tag 36

.... Ich bin in:....................................

☐ ☀ ☐ ☁ ☐ 🌧 ☐ 🌦 ☐🌡

Ich bin dankbar:

1... ☐

2... ☐

3... ☐

4... ☐

Drei Erfolge:

1... ☐

2... ☐

3... ☐

Das habe ich (heute) gelernt:	☐

Darüber habe ich (heute) gelacht:	☐

Diese Frage beschäftigt mich:	☐

Summe:..............

Bonusaufgabe 4

Lies dir deine Aufzeichnungen der letzten 36 Tage noch einmal durch und fülle freie Stellen aus, wenn dir beim Lesen noch Ergänzungen einfallen. Du hast jetzt bereits bis zu 144 Punkte gefunden, für die du dankbar bist. Du hast bis zu 108 große und kleine Erfolge identifiziert und hoffentlich auch gefeiert. Du hast dir 36 Mal vergegenwärtigt, was du alles gelernt hast, und du hast dich an 36 Dinge oder Situationen erinnert, die dich zum Lachen gebracht haben. Vielleicht ist jetzt der richtige Zeitpunkt, damit anzufangen, deine Erkenntnisse auch mit anderen zu teilen. Lässt du die Menschen in deinem Umfeld schon daran teilhaben, was dich seit über fünf Wochen täglich fünf Minuten beschäftigt? Hast Du dich schon mit Freunden, Kollegen, deiner Partnerin oder deinem Partner, deinen Kindern, deinen Eltern oder anderen Menschen, die in deinem Leben wichtig sind, über die Themen Dankbarkeit, Erfolg, Lernen und Humor ausgetauscht? Lässt du sie teilhaben an den Fragen, die dich beschäftigen? Es könnte ja sein, dass sie Antworten auf deine Fragen haben. Wenn du das noch nicht getan hast, dann lade ich dich ein: Probiere es aus!

Außerdem kannst du Menschen unterstützen und inspirieren, die ebenfalls gerade mit diesem Buch arbeiten. Suche Erfolge, Dinge, für die du dankbar bist, Fragen, Gründe zum Lachen und Lernerfahrungen heraus, die du mit anderen teilen möchtest und hinterlasse einen oder mehrere Kommentare in den entsprechenden Rubriken auf **www.denkdicherfolgreich.de/inspiration**. Nutze das auch, um dich von den anderen Kommentaren inspirieren zu lassen. Auch hier kannst du dir für jeden Kommentar einen Bonuspunkt eintragen. Ergänze auch deine Löffelliste auf den Seiten 40 bis 43. Für jede Ergänzung gibt es einen Bonuspunkt.

Punkte:

Tag # 28 ....

Tag # 29 ....

Tag # 30 ....

Tag # 31 ....

Tag # 32 ....

Tag # 33 ....

Tag # 34 ....

Tag # 35 ....

Tag # 36 ....

Bonus ....

Summe: ....

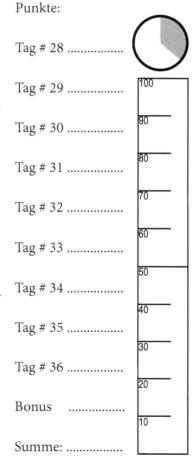

Tag 37

.... Ich bin in:..................................

☐ ☀ ☐ ☁ ☐ 🌦 ☐ ☁ ☐🌡

Ich bin dankbar:

1.. ☐

2.. ☐

3.. ☐

4.. ☐

Drei Erfolge:

1.. ☐

2.. ☐

3.. ☐

Das habe ich (heute) gelernt:	☐

Darüber habe ich (heute) gelacht:	☐

Diese Frage beschäftigt mich:	☐

Summe:............

Tag 38

.... Ich bin in:...
☐ ☀ ☐ ☁ ☐ 🌧 ☐ 🌧 ☐ 🌡

Ich bin dankbar:

1... ☐

2... ☐

3... ☐

4... ☐

Drei Erfolge:

1... ☐

2... ☐

3... ☐

Das habe ich (heute) gelernt:	☐

Darüber habe ich (heute) gelacht:	☐

Diese Frage beschäftigt mich:	☐

Summe:.............

Tag 39

Ich bin in: ....

☐ ☀ ☐ ☁ ☐ 🌧 ☐ 🌧 ☐ 🌡

Ich bin dankbar:

1.. ☐

2.. ☐

3.. ☐

4.. ☐

Drei Erfolge:

1.. ☐

2.. ☐

3.. ☐

Das habe ich (heute) gelernt:	☐

Darüber habe ich (heute) gelacht:	☐

Diese Frage beschäftigt mich:	☐

Summe: ....

Tag 40

.... Ich bin in:..
☐ ☀ ☐ ☁ ☐ 🌧 ☐ 🌧 ☐🌡

Ich bin dankbar:

1... ☐

2... ☐

3... ☐

4... ☐

Drei Erfolge:

1... ☐

2... ☐

3... ☐

Das habe ich (heute) gelernt: ☐

Darüber habe ich (heute) gelacht: ☐

~~Diese Frage beschäftigt mich:~~ *Eine tolle Idee, die ich mal hatte:* ☐

Summe:............

Tag 41

.... Ich bin in:................................
☐ ☼ ☐ ☁ ☐ 🌦 ☐ ☁ ☐🌡

Ich bin dankbar:

1... ☐

2... ☐

3... ☐

4... ☐

Drei Erfolge:

1... ☐

2... ☐

3... ☐

| Das habe ich (heute) gelernt: | ☐ |

| Darüber habe ich (heute) gelacht: | ☐ |

| Diese Frage beschäftigt mich: | ☐ |

Summe:.............

Tag 42

.... Ich bin in:................................
☐ ☀ ☐ ☁ ☐ 🌧 ☐ 🌧 ☐ 🌡

Ich bin dankbar:

1.. ☐

2.. ☐

3.. ☐

4.. ☐

Drei Erfolge:

1.. ☐

2.. ☐

3.. ☐

Das habe ich (heute) gelernt: ☐

Darüber habe ich (heute) gelacht: ☐

Diese Frage beschäftigt mich: ☐

Summe:............

Tag 43

.... Ich bin in:..................................

☐ ☀ ☐ ☁ ☐ 🌦 ☐ 🌧 ☐🌡

Ich bin dankbar:

1... ☐

2... ☐

3... ☐

4... ☐

Drei Erfolge:

1... ☐

2... ☐

3... ☐

| Das habe ich (heute) gelernt: | ☐ |

| Darüber habe ich (heute) gelacht: | ☐ |

| Diese Frage beschäftigt mich: | ☐ |

Summe:.............

Tag 44

Ich bin in: ....
☀ ☁ ☂ ☂ 🌡

Ich bin dankbar:

1. .... ☐

2. .... ☐

3. .... ☐

4. .... ☐

Drei Erfolge:

1. .... ☐

2. .... ☐

3. .... ☐

Das habe ich (heute) gelernt: ☐

Darüber habe ich (heute) gelacht: ☐

Diese Frage beschäftigt mich: ☐

Summe: ....

Tag 45

.... Ich bin in:................................
☐☀ ☐☁ ☐🌧 ☐🌧 ☐🌡

Ich bin dankbar:

1.. ☐

2.. ☐

3.. ☐

4.. ☐

Drei Erfolge:

1.. ☐

2.. ☐

3.. ☐

Das habe ich (heute) gelernt: ☐

Darüber habe ich (heute) ~~gelacht~~ mich gefreut: ☐

Diese Frage beschäftigt mich: ☐

Summe:.............

Bonusaufgabe 5

Lies dir die Einträge der letzten 45 Tage noch einmal durch. Richte deinen Fokus dabei heute auf das Thema Dankbarkeit. Markiere (durch Unterstreichen oder Einkreisen) alle Menschen, von denen du hier aufgeschrieben hast, dass du ihnen dankbar bist. Übertrage ihre Namen in die Liste auf dieser Seite. Hast du dich bei ihnen schon bedankt? Jetzt ist der richtige Zeitpunkt, es (noch einmal) zu tun. Sprich sie persönlich an und sag ihnen, wofür du ihnen dankbar bist (3 Bonuspunkte), ruf sie an (2 Bonuspunkte) oder schreibe ihnen (Brief, E-Mail, Kurznachricht: 1 Bonuspunkt). Mach es jetzt sofort – und wenn das nicht geht, weil es mitten in der Nacht ist und du auf einer Berghütte ohne Telefon und Internetempfang bist, dann notiere dir jetzt im Kalender einen Termin für diese Aufgabe. Danach zähle deine Punkte zusammen.

Top Ten der Personen, denen ich dankbar bin:

1 ....
2 ....
3 ....
4 ....
5 ....
6 ....
7 ....
8 ....
9 ....
10 ....

Punkte:

Tag 37 ....
Tag 38 ....
Tag 39 ....
Tag 40 ....
Tag 41 ....
Tag 42 ....
Tag 43 ....
Tag 44 ....
Tag 45 ....
Bonus ....
Summe: ....

Tag 46

.... Ich bin in:..............................
☐ ☀ ☐ ☁ ☐ 🌧 ☐ 🌨 ☐ 🌡

Ich bin dankbar:

1... ☐

2... ☐

3... ☐

4... ☐

Drei Erfolge:

1... ☐

2... ☐

3... ☐

Das habe ich (heute) gelernt: ☐

Darüber habe ich (heute) gelacht: ☐

Diese Frage beschäftigt mich: ☐

Summe:..............

Tag 47

.... Ich bin in:.................................
☐ ☀ ☐ ☁ ☐ 🌧 ☐ 🌧 ☐🌡

Ich bin dankbar:

1.. ☐

2.. ☐

3.. ☐

4.. ☐

Drei Erfolge:

1.. ☐

2.. ☐

3.. ☐

| Das habe ich (heute) gelernt: | ☐ |

| Darüber habe ich (heute) gelacht: | ☐ |

| Diese Frage beschäftigt mich: | ☐ |

Summe:..............

Tag 48

.... Ich bin in:..............................

☐ ☀ ☐ ☁ ☐ 🌦 ☐ 🌧 ☐🌡

Ich bin dankbar:

1.. ☐

2.. ☐

3.. ☐

4.. ☐

Drei Erfolge:

1.. ☐

2.. ☐

3.. ☐

| Das habe ich (heute) gelernt: | ☐ |

| Darüber habe ich (heute) gelacht: | ☐ |

| Diese Frage beschäftigt mich: | ☐ |

Summe:...............

Tag 49

.... Ich bin in:..................................
☐☼ ☐☁ ☐🌧 ☐🌦 ☐🌡

Ich bin dankbar:

1.. ☐

2.. ☐

3.. ☐

4.. ☐

Drei Erfolge:

1.. ☐

2.. ☐

3.. ☐

Das habe ich (heute) gelernt: ☐

Darüber habe ich (heute) gelacht: ☐

Diese Frage beschäftigt mich: ☐

Summe:............

Tag 50 *

.... Ich bin in:..............................

☐ ☀ ☐ ☁ ☐ 🌧 ☐ 🌦 ☐ 🌡

Ich bin dankbar:

1... ☐

2... ☐

3... ☐

4... ☐

Drei Erfolge:

1... ☐

2... ☐

3... ☐

Das habe ich (heute) gelernt:	☐

Darüber habe ich (heute) gelacht:	☐

Diese Frage beschäftigt mich:	☐

* Super, du bist schon bei der Hälfte! Ein toller Erfolg.   Summe:............

Tag 51

.... Ich bin in:.................................
☐☀ ☐☁ ☐🌧 ☐🌧 ☐🌡

Ich bin dankbar:

1... ☐

2... ☐

3... ☐

4... ☐

Drei Erfolge:

1... ☐

2... ☐

3... ☐

Das habe ich (heute) gelernt:	☐

Darüber habe ich (heute) gelacht:	☐

Diese Frage beschäftigt mich:	☐

Summe:..............

Tag 52

.... Ich bin in:..

☐ ☼ ☐ ☁ ☐ 🌦 ☐ 🌧 ☐ 🌡

Ich bin dankbar:

1... ☐

2... ☐

3... ☐

4... ☐

Drei Erfolge:

1... ☐

2... ☐

3... ☐

| Das habe ich (heute) gelernt: | ☐ |

| Darüber habe ich (heute) gelacht: | ☐ |

| Diese Frage beschäftigt mich: | ☐ |

Summe:..............

Tag 53

.... Ich bin in:..

☐☀ ☐☁ ☐🌦 ☐🌦 ☐🌡

Ich bin dankbar:

1.. ☐

2.. ☐

3.. ☐

4.. ☐

Drei Erfolge:

1.. ☐

2.. ☐

3.. ☐

Das habe ich (heute) gelernt:	☐

Darüber habe ich (heute) gelacht:	☐

Diese Frage beschäftigt mich:	☐

Summe:..............

Tag 54

....   Ich bin in:..
☐ ☼ ☐ ☁ ☐ 🌦 ☐ 🌧 ☐ 🌡

Ich bin dankbar:

1... ☐

2... ☐

3... ☐

4... ☐

Drei Erfolge:

1... ☐

2... ☐

3... ☐

Das habe ich (heute) gelernt: ☐

Darüber habe ich (heute) gelacht: ☐

Diese Frage beschäftigt mich: ☐

Summe:..............

Bonusaufgabe 6

Es gibt mehrere Möglichkeiten, wie du auf diese Seite gekommen bist: Du könntest das Buch bis hier gelesen haben, um zu sehen, was auf dich zukommt, bevor du gleich anfängst, mit dem Buch zu arbeiten – das ist gut, dann kommst du in 54 Tagen hier wieder vorbei. Oder du hast die Arbeit irgendwo zwischen Tag 1 und 54 aufgegeben und weitergeblättert. Dann ist diese Seite deine Chance für den Wiedereinstieg! Am besten ist es natürlich, wenn du dies liest, weil du dich bereits seit 54 Tagen mit dir und deiner neuen, positiven Sicht auf die Welt beschäftigst. Auch da gibt es zwei Möglichkeiten: Die Arbeit mit dem Buch macht dir Spaß, gute Gefühle und fällt dir immer leichter. Oder du hast es bis hierhin nur mit Mühe und Disziplin geschafft – was auch besser ist als aufgeben. In diesem Fall hilft dir diese Bonusaufgabe besonders. Heute geht es darum, warum du dieses Buch überhaupt in Händen hältst. Warum willst du ein Erfolgs-Mindset, also eine Haltung oder Denkweise, die es dir einfacher macht, erfolgreich zu sein?

Stell dir vor, die hundert Tage sind um. Was ist in deinem Leben dann anders als heute? Woran erkennst du, dass sich etwas zum Besseren verändert hat? Auf den folgenden zwei Seiten hast du Platz, um darüber nachzudenken – zum Beispiel in Form einer Mindmap. In der Mitte steht Erfolg. Drumherum schreibst du die Themen und Aspekte, die Erfolg für dich bedeuten und warum sie dir wichtig sind. Für jeden Punkt der Mindmap gib dir einen Bonuspunkt. Sobald du fertig bist, schließe die Augen und tauche ein in das gute Gefühl, Erfolg zu haben. Sieh dich erfolgreich; spüre, wie sich das anfühlt. Höre auch, wie sich ein erfolgreiches Leben anhört. Und: Wie schmeckt und riecht es? Wiederhole dein Bad im Erfolg an den nächsten neun Tagen täglich!

Punkte:

Tag 46 ....

Tag 47 ....

Tag 48 ....

Tag 49 ....

Tag 50 ....

Tag 51 ....

Tag 52 ....

Tag 53 ....

Tag 54 ....

Bonus ....

Summe: ....

Hier ist ein bisschen Platz für deine Mindmap. Vielleicht willst du aber auch hier ein paar Gedanken sammeln und dir dann ein oder zwei große Bögen Papier nehmen und eine richtig schöne große Mindmap erstellen. Hier ist das Beispiel einer Leserin:

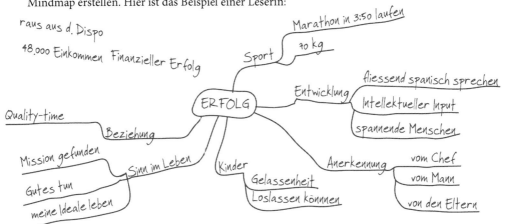

Tag 55

.... Ich bin in:..................................
☐☀ ☐☁ ☐🌧 ☐🌧 ☐🌡

Ich bin dankbar:

1... ☐

2... ☐

3... ☐

4... ☐

Drei Erfolge:

1... ☐

2... ☐

3... ☐

Das habe ich (heute) gelernt:	☐

Darüber habe ich (heute) gelacht:	☐

Diese Frage beschäftigt mich:	☐

Summe:.............

Tag 56

.... Ich bin in: ....
☐ ☀ ☐ ☁ ☐ 🌦 ☐ 🌧 ☐ 🌡

Ich bin dankbar:

1... ☐

2... ☐

3... ☐

4... ☐

Drei Erfolge:

1... ☐

2... ☐

3... ☐

Das habe ich (heute) gelernt: ☐

Darüber habe ich (heute) gelacht: ☐

Diese Frage beschäftigt mich: ☐

» Erfolg hat nur, wer etwas tut, während er auf den Erfolg wartet. «   Summe: ....
- Thomas Alva Edison

Tag 57

.... Ich bin in:..............................

☐ ☀ ☐ ☁ ☐ 🌧 ☐ 🌧 ☐ 🌡

Ich bin dankbar:

1.. ☐

2.. ☐

3.. ☐

4.. ☐

Drei Erfolge:

1.. ☐

2.. ☐

3.. ☐

| Das habe ich (heute) gelernt: | ☐ |

| Darüber habe ich (heute) gelacht: | ☐ |

| Diese Frage beschäftigt mich: | ☐ |

Summe:............

Tag 58

.... Ich bin in:..
☐☀︎ ☐☁︎ ☐🌧 ☐🌧 ☐🌡

Ich bin dankbar:

1.. ☐

2.. ☐

3.. ☐

4.. ☐

Drei Erfolge:

1.. ☐

2.. ☐

3.. ☐

Das habe ich (heute) gelernt:	☐

Darüber habe ich (heute) gelacht:	☐

Diese Frage beschäftigt mich:	☐

Summe:..............

Tag 59

.... Ich bin in:..................................

☐ ☼ ☐ ☁ ☐ 🌧 ☐ 🌧 ☐ 🌡

Ich bin dankbar:

1... ☐

2... ☐

3... ☐

4... ☐

Drei Erfolge:

1... ☐

2... ☐

3... ☐

Das habe ich (heute) gelernt:	☐

Darüber habe ich (heute) gelacht:	☐

Diese Frage beschäftigt mich:	☐

Summe:..............

Tag 60

.... Ich bin in:.................................

☐ ☀ ☐ ☁ ☐ 🌧 ☐ 🌧 ☐ 🌡

Ich bin dankbar:

1... ☐

2... ☐

3... ☐

4... ☐

Drei Erfolge:

1... ☐

2... ☐

3... ☐

Das habe ich (heute) gelernt: ☐

Darüber habe ich (heute) gelacht: ☐

Diese Frage beschäftigt mich: ☐

Summe:.............

Tag 61

»Es gibt mehr Leute, die kapitulieren, als solche, die scheitern.« - Henry Ford

.... Ich bin in:..................................

☐ ☀ ☐ ☁ ☐ 🌦 ☐ 🌧 ☐🌡

Ich bin dankbar:

1.. ☐

2.. ☐

3.. ☐

4.. ☐

Drei Erfolge:

1.. ☐

2.. ☐

3.. ☐

Das habe ich (heute) gelernt: ☐

Darüber habe ich (heute) gelacht: ☐

Diese Frage beschäftigt mich: ☐

Summe:.............

Tag 62

.... Ich bin in:..................................
☐ ☀ ☐ ☁ ☐ 🌦 ☐ ☁ ☐ 🌡

Ich bin dankbar:

1. .... ☐

2. .... ☐

3. .... ☐

4. .... ☐

Drei Erfolge:

1. .... ☐

2. .... ☐

3. .... ☐

Das habe ich (heute) gelernt:	☐

Darüber habe ich (heute) gelacht:	☐

Diese Frage beschäftigt mich:	☐

Summe: ....

Tag 63

.... Ich bin in:..
☐ ☀ ☐ ☁ ☐ 🌧 ☐ 🌦 ☐🌡

Ich bin dankbar:

1.. ☐

2.. ☐

3.. ☐

4.. ☐

Drei Erfolge:

1.. ☐

2.. ☐

3.. ☐

Das habe ich (heute) gelernt: ☐

Darüber habe ich (heute) gelacht: ☐

Diese Frage beschäftigt mich: ☐

Summe:..............

Bonusaufgabe 7

Erfolg ist das Erreichen von Zielen. Mit einem Erfolgs-Mindset gelingt dir das Erreichen leichter. Und dennoch brauchst du für den Erfolg Ziele.

Wenn du dir heute Abend zum Ziel setzt, morgen früh eine Runde joggen zu gehen und es morgen tust, bist du erfolgreich – das ist einfach. Wenn du dir zum Ziel setzt, jeden Morgen joggen zu gehen, ist die Herausforderung schon größer. Es hilft dir dann zu wissen, warum du das tun willst, wenn du also dein Ziel hinter dem Ziel kennst. Das könnten zum Beispiel das gute Gefühl und die Energie sein, die du nach dem Laufen empfindest, oder das Bild von dir mit deinem Traumkörper.

Wie lang ist deine Löffelliste auf den Seiten 40 bis 43? Nimm dir ein paar Minuten, um sie gegebenenfalls zu ergänzen. Lies dir die Liste dann noch einmal durch und identifiziere mindestens eine Sache oder ein Vorhaben, das du bis zum Ende der hundert Tage erreichen kannst. Ziele sind Wünsche mit einem Termin. Such dir deshalb jetzt einen deiner Wünsche aus und versieh ihn mit einem Termin. Plane auch, was du alles benötigst, um dir diesen Wunsch zu erfüllen.

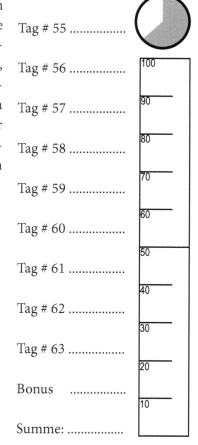

Punkte:

Tag # 55 ....

Tag # 56 ....

Tag # 57 ....

Tag # 58 ....

Tag # 59 ....

Tag # 60 ....

Tag # 61 ....

Tag # 62 ....

Tag # 63 ....

Bonus ....

Summe: ....

Tag 64

.... Ich bin in:..................................

☐ ☼ ☐ ☁ ☐ 🌦 ☐ 🌧 ☐ 🌡

Ich bin dankbar:

1... ☐

2... ☐

3... ☐

4... ☐

Drei Erfolge:

1... ☐

2... ☐

3... ☐

Das habe ich (heute) gelernt:	☐

Darüber habe ich (heute) gelacht:	☐

Diese Frage beschäftigt mich:	☐

Summe:.............

Tag 65

.... Ich bin in:..
☐☀ ☐☁ ☐🌦 ☐🌦 ☐🌡

Ich bin dankbar:

1... ☐

2... ☐

3... ☐

4... ☐

Drei Erfolge:

1... ☐

2... ☐

3... ☐

Das habe ich (heute) gelernt:	☐

Darüber habe ich (heute) gelacht:	☐

Diese Frage beschäftigt mich:	☐

Summe:..............

Tag 66

.... Ich bin in:..................................
☐ ☀ ☐ ☁ ☐ 🌧 ☐ 🌨 ☐ 🌡

Ich bin dankbar:

1.. ☐

2.. ☐

3.. ☐

4.. ☐

Drei Erfolge:

1.. ☐

2.. ☐

3.. ☐

Das habe ich (heute) gelernt:	☐

Darüber habe ich (heute) gelacht:	☐

Diese Frage beschäftigt mich:	☐

Summe:..............

Tag 67

.... Ich bin in:..................................

☐ ☀ ☐ ☁ ☐ 🌦 ☐ 🌧 ☐🌡

Ich bin dankbar:

1.. ☐

2.. ☐

3.. ☐

4.. ☐

Drei Erfolge:

1.. ☐

2.. ☐

3.. ☐

Das habe ich (heute) gelernt: ☐

Darüber habe ich (heute) gelacht: ☐

Diese Frage beschäftigt mich: ☐

Summe:..............

Tag 68

.... Ich bin in:..................................

☐☀ ☐☁ ☐🌧 ☐🌧 ☐🌡

Ich bin dankbar:

1... ☐

2... ☐

3... ☐

4... ☐

Drei Erfolge:

1... ☐

2... ☐

3... ☐

Das habe ich (heute) gelernt: ☐

Darüber habe ich (heute) gelacht: ☐

Diese Frage beschäftigt mich: ☐

Summe:..............

Tag 69

.... Ich bin in:......................................
☐☀ ☐☁ ☐🌦 ☐🌦 ☐🌡

Ich bin dankbar:

1.. ☐

2.. ☐

3.. ☐

4.. ☐

Drei Erfolge:

1.. ☐

2.. ☐

3.. ☐

Das habe ich (heute) gelernt: ☐

Darüber habe ich (heute) gelacht: ☐

Diese Frage beschäftigt mich: ☐

Summe:............

Tag 70

.... Ich bin in:..................................

☐ ☀ ☐ ☁ ☐ 🌦 ☐ ☁ ☐🌡

Ich bin dankbar:

1. .... ☐

2. .... ☐

3. .... ☐

4. .... ☐

Drei Erfolge:

1. .... ☐

2. .... ☐

3. .... ☐

Das habe ich (heute) gelernt:	☐

Darüber habe ich (heute) gelacht:	☐

Diese Frage beschäftigt mich:	☐

Summe:.............

Tag 71

....   Ich bin in:..
☐☀ ☐☁ ☐🌧 ☐🌧 ☐🌡

Ich bin dankbar:

1.. ☐

2.. ☐

3.. ☐

4.. ☐

Drei Erfolge:

1.. ☐

2.. ☐

3.. ☐

Das habe ich (heute) gelernt:	☐

Darüber habe ich (heute) gelacht:	☐

Diese Frage beschäftigt mich:	☐

Summe:.............

Tag 72

.... Ich bin in:..................................

☐ ☀ ☐ ☁ ☐ 🌦 ☐ 🌧 ☐🌡

Ich bin dankbar:

1... ☐

2... ☐

3... ☐

4... ☐

Drei Erfolge:

1... ☐

2... ☐

3... ☐

Das habe ich (heute) gelernt:	☐

Darüber habe ich (heute) gelacht:	☐

Diese Frage beschäftigt mich:	☐

Summe:............

Bonusaufgabe 8

Du hast dich 72 Tage in Dankbarkeit geübt. Deine Dankbarkeit ist eine gute Voraussetzung für deinen Erfolg. Und wie hältst du es mit den Erfolgen anderer Menschen: Was löst es in dir aus, wenn ein Mensch in deiner Umgebung erfolgreich ist? Macht es dich neidisch oder kannst du gönnen? Du hast in den letzten Wochen geübt, deine eigenen Erfolge zu feiern und damit deinem Unbewussten signalisiert, dass es gut ist, erfolgreich zu sein. Doch auch die Art und Weise, wie du auf Erfolge in deiner Umgebung reagierst, programmiert dein Unterbewusstsein. Darum gibt es heute als Bonusaufgabe eine Übung im „Gönnen können".

Auf den folgenden zwei Seiten hast du die Gelegenheit zum Großzügigsein. Gehe in Gedanken dein persönliches Umfeld durch: deine Freunde, Nachbarn, Kollegen, deinen Chef ... Welche Erfolge hatten sie? Schreibe alle Menschen und deren Erfolge und Errungenschaften auf, die du ihnen gönnst.

Punkte:

Tag 64 ....

Tag 65 ....

Tag 66 ....

Tag 67 ....

Tag 68 ....

Tag 69 ....

Tag 70 ....

Tag 71 ....

Tag 72 ....

Bonus ....

Summe: ....

Was du immer schon über dich wissen solltest:

Diesen sogenannten QR-Code kannst du mit einem QR-Code-Reader einscannen – gibt es kostenlos für alle Smartphones als App.

Das gönne ich:

01 ....

02 ....

03 ....

04 ....

05 ....

06 ....

07 ....

08 ....

09 ....

10 ....

11 ....

12 ....

13 ....

14 ....

15 ....

16 ....

17 ....

18 ....

19 ....

20 ....

21 ....

22 ....

23 ....

Tag 73

.... Ich bin in:..................................
☐ ☀ ☐ ☁ ☐ 🌦 ☐ 🌧 ☐🌡

Ich bin dankbar:

1.. ☐

2.. ☐

3.. ☐

4.. ☐

Drei Erfolge:

1.. ☐

2.. ☐

3.. ☐

| Das habe ich (heute) gelernt: | ☐ |

| Darüber habe ich (heute) gelacht: | ☐ |

| Diese Frage beschäftigt mich: | ☐ |

Summe:..............

Tag 74

.... Ich bin in:..
☐ ☼ ☐ ☁ ☐ 🌧 ☐ 🌧 ☐ 🌡

Ich bin dankbar:

1... ☐

2... ☐

3... ☐

4... ☐

Drei Erfolge:

1... ☐

2... ☐

3... ☐

Das habe ich (heute) gelernt: ☐

Darüber habe ich (heute) gelacht: ☐

Diese Frage beschäftigt mich: ☐

Summe:..............

Tag 75

.... Ich bin in:..................................
☐ ☀ ☐ ☁ ☐ 🌦 ☐ 🌧 ☐🌡

Ich bin dankbar:

1... ☐

2... ☐

3... ☐

4... ☐

Drei Erfolge:

1... ☐

2... ☐

3... ☐

Das habe ich (heute) gelernt:	☐

Darüber habe ich (heute) gelacht:	☐

Diese Frage beschäftigt mich:	☐

Summe:..............

Tag 76

.... Ich bin in: ....
☐ ☀ ☐ ☁ ☐ 🌦 ☐ 🌧 ☐🌡

Ich bin dankbar:

1. .... ☐

2. .... ☐

3. .... ☐

4. .... ☐

Drei Erfolge:

1. .... ☐

2. .... ☐

3. .... ☐

Das habe ich (heute) gelernt:	☐

Darüber habe ich (heute) gelacht:	☐

Diese Frage beschäftigt mich:	☐

Summe: ....

Tag 77

.... Ich bin in:..................................
☐ ☀ ☐ ☁ ☐ 🌧 ☐ ☁ ☐🌡

Ich bin dankbar:

1.. ☐

2.. ☐

3.. ☐

4.. ☐

Drei Erfolge:

1.. ☐

2.. ☐

3.. ☐

Das habe ich (heute) gelernt:	☐

Darüber habe ich (heute) gelacht:	☐

Diese Frage beschäftigt mich:	☐

Summe:.............

Tag 78

.... Ich bin in:..................................

☐☀ ☐☁ ☐🌧 ☐🌦 ☐🌡

Ich bin dankbar:

1... ☐

2... ☐

3... ☐

4... ☐

Drei Erfolge:

1... ☐

2... ☐

3... ☐

| Das habe ich (heute) gelernt: | ☐ |

| Darüber habe ich (heute) gelacht: | ☐ |

| Diese Frage beschäftigt mich: | ☐ |

Summe:..............

Tag 79

.... Ich bin in:..
☐☀ ☐☁ ☐🌧 ☐🌧 ☐🌡

Ich bin dankbar:

1.. ☐

2.. ☐

3.. ☐

4.. ☐

Drei Erfolge:

1.. ☐

2.. ☐

3.. ☐

Das habe ich (heute) gelernt:	☐

Darüber habe ich (heute) gelacht:	☐

Diese Frage beschäftigt mich:	☐

Summe:..............

Tag 80

.... Ich bin in:..........................

☐ ☀ ☐ ☁ ☐ 🌧 ☐ 🌨 ☐🌡

Ich bin dankbar:

1.. ☐

2.. ☐

3.. ☐

4.. ☐

Drei Erfolge:

1.. ☐

2.. ☐

3.. ☐

Das habe ich (heute) gelernt:	☐

Darüber habe ich (heute) gelacht:	☐

Diese Frage beschäftigt mich:	☐

Summe:..............

Tag 81

.... Ich bin in:..
☐ ☀ ☐ ☁ ☐ 🌧 ☐ ☁ ☐ 🌡

Ich bin dankbar:

1.. ☐

2.. ☐

3.. ☐

4.. ☐

Drei Erfolge:

1.. ☐

2.. ☐

3.. ☐

| Das habe ich (heute) gelernt: | ☐ |

| Darüber habe ich (heute) gelacht: | ☐ |

| Diese Frage beschäftigt mich: | ☐ |

Summe: ....

Bonusaufgabe 9

Erfolgreiche Menschen übernehmen die volle Verantwortung. Erfolglose Menschen zeigen mit dem Finger auf andere und suchen nach Schuldigen für ihren Misserfolg. Damit machen sie es sich leicht, denn in dieser Haltung können sie auf unbestimmte Zeit verharren, ohne jemals etwas zu verändern. Erfolglose Menschen sehen die Ursachen für ihren Misserfolg oft nicht nur im Verhalten anderer Menschen, häufig liegen die vermeintlichen Ursachen auch weit zurück. Manche Menschen pflegen ihre Verletzungen jahrelang und machen es sich bequem darin, anderen die Schuld zu geben. Wie ist das bei dir: Welchen alten Groll hegst du immer noch? An welchen Stellen glaubst du, dass andere Schuld haben? In der heutigen Bonusaufgabe geht es um das Verzeihen. Wer in der Lage ist zu verzeihen, wird von einem passiven Opfer zum aktiven Gestalter. Wenn du deinen ärgsten Feinden vergeben kannst, zeigst du wahre Größe – und machst dir selbst den Weg frei zum Erfolg.

Überlege dir, wer für dich bisher stets schuldig war und wem du vergeben könntest. Schreibe auf einem Blatt Papier einen kurzen Brief an diese Person und erkläre, dass du ein für alle Mal verziehen hast, was vorgefallen ist. Diesen Brief wirfst du bei nächster Gelegenheit ins Meer, in einen See, Fluss oder Kanal. Wenn du kein Gewässer in der Nähe deines Wohnortes hast, trage einen Termin in deinen Kalender ein, an dem du einen Ausflug ans nächste Gewässer machst, zum Beispiel am nächsten Wochenende. Mit dem Brief versenkst du auch deinen Hass im Wasser. Auf viele Menschen wirkt es wie ein Befreiungsschlag, nicht mehr hassen zu müssen.

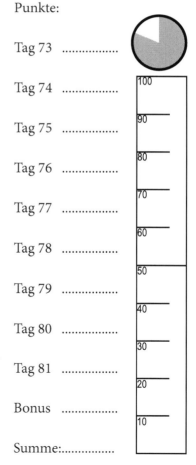

Punkte:

Tag 73 ....

Tag 74 ....

Tag 75 ....

Tag 76 ....

Tag 77 ....

Tag 78 ....

Tag 79 ....

Tag 80 ....

Tag 81 ....

Bonus ....

Summe: ....

Tag 82

.... Ich bin in:..............................

☐ ☀ ☐ ☁ ☐ 🌦 ☐ 🌧 ☐ 🌡

Ich bin dankbar:

1.. ☐

2.. ☐

3.. ☐

4.. ☐

Drei Erfolge:

1.. ☐

2.. ☐

3.. ☐

Das habe ich (heute) gelernt: ☐

Darüber habe ich (heute) gelacht: ☐

Diese Frage beschäftigt mich: ☐

Summe:..............

Tag 83

.... Ich bin in:..................................

☐ ☀ ☐ ☁ ☐ 🌦 ☐ 🌧 ☐ 🌡

Ich bin dankbar:

1.. ☐

2.. ☐

3.. ☐

4.. ☐

Drei Erfolge:

1.. ☐

2.. ☐

3.. ☐

| Das habe ich (heute) gelernt: | ☐ |

| Darüber habe ich (heute) gelacht: | ☐ |

| Diese Frage beschäftigt mich: | ☐ |

»Wer aufhört, besser zu werden, hat aufgehört, gut zu sein.« Summe:..............
— Philip Rosenthal

Tag 84

.... Ich bin in:..................................
☐ ☀ ☐ ☁ ☐ 🌦 ☐ 🌧 ☐🌡

Ich bin dankbar:

1... ☐

2... ☐

3... ☐

4... ☐

Drei Erfolge:

1... ☐

2... ☐

3... ☐

| Das habe ich (heute) gelernt: | ☐ |

| Darüber habe ich (heute) gelacht: | ☐ |

| Diese Frage beschäftigt mich: | ☐ |

Summe:..............

Tag 85

.... Ich bin in:......................................
☐☼ ☐☁ ☐🌦 ☐🌦 ☐🌡

Ich bin dankbar:

1... ☐

2... ☐

3... ☐

4... ☐

Drei Erfolge:

1... ☐

2... ☐

3... ☐

| Das habe ich (heute) gelernt: | ☐ |

| Darüber habe ich (heute) gelacht: | ☐ |

| Diese Frage beschäftigt mich: | ☐ |

Summe:..............

Tag 86

.... Ich bin in:...
☐☼ ☐☁ ☐🌧 ☐🌧 ☐🌡

Ich bin dankbar:

1... ☐

2... ☐

3... ☐

4... ☐

Drei Erfolge:

1... ☐

2... ☐

3... ☐

Das habe ich (heute) gelernt:	☐

Darüber habe ich (heute) gelacht:	☐

Diese Frage beschäftigt mich:	☐

Summe:.............

Tag 87

.... Ich bin in:...........................

Ich bin dankbar:

1... ☐

2... ☐

3... ☐

4... ☐

Drei Erfolge:

1... ☐

2... ☐

3... ☐

Das habe ich (heute) gelernt:

Darüber habe ich (heute) gelacht:

Diese Frage beschäftigt mich:

Summe:............

Tag 88

.... Ich bin in:....................................
☐☀ ☐☁ ☐🌧 ☐🌧 ☐🌡

Ich bin dankbar:

1... ☐

2... ☐

3... ☐

4... ☐

Drei Erfolge:

1... ☐

2... ☐

3... ☐

| Das habe ich (heute) gelernt: | ☐ |

| Darüber habe ich (heute) gelacht: | ☐ |

| Diese Frage beschäftigt mich: | ☐ |

Summe:............

Tag 89

.... Ich bin in:....................................
☐ ☀ ☐ ☁ ☐ 🌧 ☐ 🌧 ☐🌡

Ich bin dankbar:

1.. ☐

2.. ☐

3.. ☐

4.. ☐

Drei Erfolge:

1.. ☐

2.. ☐

3.. ☐

Das habe ich (heute) gelernt: ☐

Darüber habe ich (heute) gelacht: ☐

Diese Frage beschäftigt mich: ☐

Summe:..............

Tag 90

.... Ich bin in:..................................
☐ ☀ ☐ ☁ ☐ 🌦 ☐ 🌧 ☐🌡

Ich bin dankbar:

1... ☐

2... ☐

3... ☐

4... ☐

Drei Erfolge:

1... ☐

2... ☐

3... ☐

| Das habe ich (heute) gelernt: | ☐ |

| Darüber habe ich (heute) gelacht: | ☐ |

| Diese Frage beschäftigt mich: | ☐ |

Summe:...............

Bonusaufgabe 10

Das war die vorletzte Etappe! Ich freue mich, dass du es bis hier geschafft hast. Die heutige Bonusaufgabe ist eine Wiederholung.

Auf Seite 53 (Tag 27) hast du deine Aufzeichnungen durchgesehen, um Erfolge zu finden, die du noch nicht ausreichend gefeiert hast. Wiederhole dies heute mit allen Erfolgen, die du seither neu aufgeschrieben hast.

Auf Seite 73 (Tag 45) hast du in deinen Aufzeichnungen alle Menschen gekennzeichnet, denen du dankbar bist, mit der Aufgabe, dich bei ihnen zu bedanken – persönlich, telefonisch oder schriftlich. Mach auch das heute noch einmal mit allen Menschen, die du seither in die Rubrik Dankbarkeit aufgenommen hast.

In zehn Tagen sind deine hundert Tage vorbei. Für den Abschluss deiner Arbeit mit dem Buch wäre es gut, wenn du dir etwas mehr Zeit nimmst. Am besten reservierst du dir schon jetzt in zehn Tagen eine Stunde dafür.

Hier ist Platz für ein Selbst-Porträt:

Punkte:

Tag 82 ....

Tag 83 ....

Tag 84 ....

Tag 85 ....

Tag 86 ....

Tag 87 ....

Tag 88 ....

Tag 89 ....

Tag 90 ....

Bonus ....

Summe: ....

Tag 91

.... Ich bin in:..................................
☐ ☀ ☐ ☁ ☐ 🌧 ☐ 🌦 ☐ 🌡

Ich bin dankbar:

1.. ☐

2.. ☐

3.. ☐

4.. ☐

Drei Erfolge:

1.. ☐

2.. ☐

3.. ☐

Das habe ich (heute) gelernt: ☐

Darüber habe ich (heute) gelacht: ☐

Diese Frage beschäftigt mich: ☐

Summe:............

Tag 92

.... Ich bin in:..................................

☐☀ ☐☁ ☐🌦 ☐🌦 ☐🌡

Ich bin dankbar:

1... ☐

2... ☐

3... ☐

4... ☐

Drei Erfolge:

1... ☐

2... ☐

3... ☐

Das habe ich (heute) gelernt:	☐

Darüber habe ich (heute) gelacht:	☐

Diese Frage beschäftigt mich:	☐

Summe:..............

Tag 93

.... Ich bin in:................................

☐ ☀ ☐ ☁ ☐ 🌦 ☐ 🌧 ☐🌡

Ich bin dankbar:

1... ☐

2... ☐

3... ☐

4... ☐

Drei Erfolge:

1... ☐

2... ☐

3... ☐

Das habe ich (heute) gelernt:	☐

Darüber habe ich (heute) gelacht:	☐

Diese Frage beschäftigt mich:	☐

Summe:............

Tag 94

.... Ich bin in:................................

☐ ☀ ☐ ☁ ☐ 🌦 ☐ 🌧 ☐🌡

Ich bin dankbar:

1... ☐

2... ☐

3... ☐

4... ☐

Drei Erfolge:

1... ☐

2... ☐

3... ☐

Das habe ich (heute) gelernt:	☐

Darüber habe ich (heute) gelacht:	☐

Diese Frage beschäftigt mich:	☐

Summe:..............

Tag 95

Ich bin in: ....

☐ ☀ ☐ ☁ ☐ 🌦 ☐ 🌧 ☐ 🌡

Ich bin dankbar:

1. .... ☐

2. .... ☐

3. .... ☐

4. .... ☐

Drei Erfolge:

1. .... ☐

2. .... ☐

3. .... ☐

~~Das habe ich (heute) gelernt:~~ Etwas, das ich zum Glück verlernt habe: ☐

Darüber habe ich (heute) gelacht: ☐

Diese Frage beschäftigt mich: ☐

Summe: ....

Tag 96

.... Ich bin in:..................................
☐ ☀ ☐ ☁ ☐ 🌧 ☐ 🌧 ☐ 🌡

Ich bin dankbar:

1... ☐

2... ☐

3... ☐

4... ☐

Drei Erfolge:

1... ☐

2... ☐

3... ☐

Das habe ich (heute) gelernt:	☐

Darüber habe ich (heute) gelacht:	☐

Diese Frage beschäftigt mich:	☐

Summe:..............

Tag 97

.... Ich bin in:..............................

☐ ☀ ☐ ☁ ☐ 🌧 ☐ 🌧 ☐ 🌡

Ich bin dankbar:

1... ☐

2... ☐

3... ☐

4... ☐

Drei Erfolge:

1... ☐

2... ☐

3... ☐

| Das habe ich (heute) gelernt: | ☐ |

| Darüber habe ich (heute) gelacht: | ☐ |

| Diese Frage beschäftigt mich: | ☐ |

Summe:..............

Tag 98

.... Ich bin in:..

☐☀ ☐☁ ☐🌦 ☐🌦 ☐🌡

Ich bin dankbar:

1... ☐

2... ☐

3... ☐

4... ☐

Drei Erfolge:

1... ☐

2... ☐

3... ☐

Das habe ich (heute) gelernt: ☐

Darüber habe ich (heute) gelacht: ☐

Diese Frage beschäftigt mich: ☐

Summe:..............

Tag 99

.... Ich bin in:..
☐ ☼ ☐ ☁ ☐ 🌧 ☐ 🌧 ☐ 🌡

Ich bin dankbar:

1... ☐

2... ☐

3... ☐

4... ☐

Drei Erfolge:

1... ☐

2... ☐

3... ☐

Das habe ich (heute) gelernt:	☐

Darüber habe ich (heute) gelacht:	☐

Diese Frage beschäftigt mich:	☐

Summe:............

Tag 100

Ich bin in: *fertig :-)*

☐☀ ☐☁ ☐🌦 ☐🌧 ☐🌡

Ich bin dankbar:

1. .... ☐

2. .... ☐

3. .... ☐

4. .... ☐

Drei Erfolge:

1. .... ☐

2. .... ☐

3. .... ☐

Das habe ich (heute) gelernt: ☐

Darüber habe ich (heute) gelacht: ☐

Diese Frage beschäftigt mich: ☐

Summe: ....

Abrechnung

Heute ist der Tag der Abrechnung. Du kannst jetzt die Gesamtwertung vornehmen – sofern du bei der Arbeit mit diesem Buch Punkte gesammelt hast. Wenn du jeden Tag alle Standardaufgaben vollständig erledigt hast, konntest du damit 1.000 Punkte erzielen. Mit den Bonusaufgaben konntest du verpasste Punkte nachholen oder deinen Vorsprung ausbauen. Wenn du magst, trag dein Ergebnis als Kommentar hier ein: **http://christian.obad.de/score**

Tag 1 - 9	....	
Tag 10 - 18	....	1.200
Tag 19 - 27	....	1.100
Tag 28 - 36	....	*** 1.000
Tag 37 - 45	....	900
Tag 46 - 54	....	** 800
Tag 55 - 63	....	700
Tag 64 - 72	....	600
Tag 73 - 81	....	* 500
Tag 82 - 90	....	400
Tag 91 - 99	....	300
Tag 100	....	200
Gesamtaumme	....	100

Übertrage deine Gesamtsumme in die Skala rechts.

Deine Performance

Wenn du Spaß daran hast, gibt es hier die Möglichkeit, deine Performance noch genauer auszuwerten. Übertrage einfach deine Punkte aus jedem Abschnitt als Liniendiagramm in dieses Raster. Wie oft warst du oberhalb der ***-Linie? Bist du auch mal unter die *-Linie abgestürzt? Woran lag es jeweils?

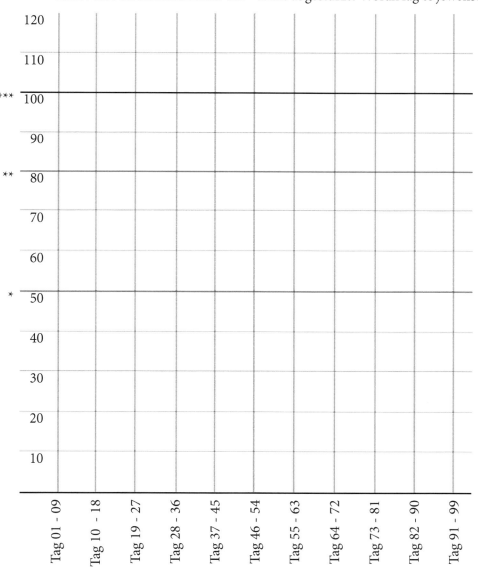

Tag 101 – Wie geht es jetzt weiter?

Wenn du zu dieser Seite geblättert hast, weil du dir eine Abkürzung zum Erfolgs-Mindset erhoffst, will ich nicht ausschließen, dass es solche Abkürzungen geben mag. Ich weiß jedoch nicht, wie nachhaltig der Erfolg dann ist. Ich weiß allerdings aus eigener Erfahrung und aus der Erfahrung von Menschen, die ich mit ähnlichen Aufgaben unterstützt habe: Dein Denken beeinflusst dein Leben sehr stark. Und die tägliche Übung hilft dabei, dein Denken zu verändern. Wenn du die Übungen jeden Tag gemacht hast, haben sich die neuen Synapsen in deinem Gehirn verstärkt und dein Unterbewusstsein hat eine nachhaltige Umprogrammierung erfahren. Vielleicht merkst du, dass es dir besser geht als vor hundert Tagen. Und vielleicht nimmst du die Veränderung selbst gar nicht so stark wahr, weil sie sich ganz langsam vollzogen hat. Es kann aber sein, dass anderen Menschen auffällt, dass du dich bereits verändert hast. Gerade Menschen, die du nicht so häufig siehst, bemerken vielleicht deine neue, positive Ausstrahlung.

Wenn du die letzten hundert Tage Revue passieren lässt und dazu vielleicht noch einmal durch die Liste deiner Erfolge blätterst, dann wirst du vielleicht feststellen, dass dir schon mehr gelingt, als du gedacht hättest.

Möglicherweise machst du die Übungen inzwischen schon ganz automatisch. Ich empfehle dir: Mach weiter mit dem, was du die letzten hundert Tage getan hast. Blicke auf jeden Tag, den du erlebst, und suche nach Dingen, die dich dankbar machen. Freu dich über deine Erfolge und feiere sie. Lerne! Lache und bringe andere Menschen zum Lachen – und stelle nützliche Fragen.

Wenn du diese Art des Tagebuchschreibens nach hundert Tagen fortführst, brauchst du wahrscheinlich keinen Raster, keine Vorlage mehr. Du kannst fortan in deinen Kalender schreiben oder dir ein schönes Notizbuch[1] zulegen. Selbstverständlich kannst du dir auch dieses Arbeitsbuch noch einmal kaufen. Leider verbietet es mir die Buchpreisbindung dir dafür einen Treuerabatt zu gewähren.

---

1 Ich liebe die Notizbücher von www.paperblanks.com

Wenn Du dich auf **http://christian.obad.de/100tage** für das Bonusmaterial angemeldet hast, dann erhälst du von mir dieser Tage eine E-Mail mit einer Druckvorlage zum Selbstausdrucken.

Bist du jetzt bereit für Veränderung?

Wenn du ein Buch gekauft hast, das dich dabei unterstützen soll, erfolgreich oder noch erfolgreicher zu werden, dann könnte das bedeuten, dass du das Gefühl hattest, deinem derzeitigen Leben fehlte noch etwas. Vielleicht gab es eine mehr oder weniger bewusste Unzufriedenheit. Die kann viele Ursachen haben: Möglicherweise hast du dein Leben mit dem Leben anderer verglichen, das viel erfüllter, erfolgreicher oder glücklicher zu sein schien. Oder du fühltest instinktiv, dass du dich oder deine Bedürfnisse sich verändert haben und dass dein derzeitiges Leben nicht mehr dazu passt.

Nun hast du dich hundert Tage lang aus einer anderen Perspektive mit deinem Leben beschäftigt. Was hat sich geändert? Wie zufrieden bist du jetzt mit den einzelnen Aspekten deines Lebens auf einer Skala von 0 bis 100 Prozent?

Gehörst du zu den Menschen, bei denen sich die Unzufriedenheit nach der Arbeit mit diesem Buch auflöst, weil sie das, was sie haben, tun und sind jetzt anders bewerten als vorher? Bist du einer von denen, die sich glücklich schätzen, weil sie erkannt haben, was für ein tolles Leben sie schon leben?

Oder gehörst du zu der Gruppe, bei der der Bedarf nach Veränderung mit der Auseinandersetzung mit diesem Buch eher noch gewachsen ist? Bist du einer von den Menschen, die sich ihre Erfolge bewusst gemacht haben und nun den Mut fassen, ihr Leben jetzt endlich nochmal neu aufzustellen?

Die gute Nachricht lautet: Mit deinem Erfolgs-Mindset bist du gut vorbereitet, diese Veränderungen anzugehen und erfolgreich umzusetzen. Du hast mit dem Dranbleiben an diesem Arbeitsbuch bewiesen, dass du etwas, das du dir vornimmst, auch erreichen kannst. Du hast die vielen großen und kleinen Erfolge deines bisherigen Lebens reflektiert, du hast dich mit deiner Lernfähigkeit beschäftigt und dich in Dankbarkeit geübt. Jetzt kannst du alles schaffen!

Und wenn du dir bei diesem Schritt Unterstützung wünschst, dann lade ich Dich ein: Wirf einen Blick auf mein Buch „Innovation ICH". Dort zeige ich dir, wie du Innovations-Methoden, die sich in der Wirtschaft bewährt haben, erfolgreich anwenden kannst, um dich und dein Leben neu zu erfinden – in genau den Lebensbereichen, die du jetzt verändern möchtest. Klicke auf:

www.InnovationICH.com

Danke für dein Feedback

Die Arbeitsweise, auf der dieses Buch beruht, hat sich als sehr hilfreich erwiesen: Vielen Menschen, die ich beraten und gecoacht habe, habe ich empfohlen, ein solches Tagebuch zu führen. Dabei habe ich mir lange gewünscht, einfach ins Regal greifen zu können, um ihnen ein Buch mitzugeben, das sie mit einer vorgegebenen Struktur unterstützt. Da mir ein solches Buch nicht über den Weg gelaufen ist, habe ich beschlossen, es selbst zu erstellen. Die erste Version davon hältst du in den Händen. Ich wünsche mir, dass das Buch dir genauso nützt, wie es mir und meinen Klienten schon genützt hat.

Für mich als Evangelist für Innovationskultur hört das Lernen nie auf. Ich bin auch davon überzeugt, dass kein Produkt je fertig ist – auch nicht dieses Übungsbuch. Die nächste Ausgabe wird besser sein als die, die du gerade in Händen hältst. Das funktioniert vor allem dann, wenn du mir mitteilst, wie gut du mit den Aufgaben in diesem Buch zurechtgekommen bist. Welche Schwierigkeiten hattest du, welche Unterstützungsangebote hättest du dir vielleicht noch gewünscht? Bitte schreibe mir deine Erfahrungen und Verbesserungsvorschläge an **erfolgs-mindset@obad.de**. Dein Feedback verwende ich gerne auf für die Weiterentwicklung. Danke!

Wenn dieses Arbeitsbuch nützlich für dich war, bitte ich dich, es weiterzuempfehlen. Gute Möglichkeiten dazu sind Bewertungen und Rezensionen bei www.amazon.de. Das ist für dieses verlagsunabhängige Buchprojekt besonders wichtig und hilft anderen Menschen, die nach nützlichen Tools suchen, das richtige zu finden. Auch dafür danke!

Ich möchte mich an dieser Stelle auch bei allen Menschen bedanken, die mich bei diesem Buch unterstützt haben. Insbesondere sind das:

- Katharina Frier-Obad von **www.die-welt-braucht-geschichten.de** für das Lektorat und die Unterstützung beim Schreiben - eine echte Empfehlung für alle, die selbst etwas publizieren wollen.
- Tom Oberbichler von **www.be-wonderful.at** für seine Inspiration und Expertise im Bereich Selfpublishing - auch ihn kann ich allen empfehlen, die selbst etwas veröffentlichen wollen.
- allen Beta-Testern, die mit ihrem Lob mir Mut und mit ihrer Kritik dieses Buch besser gemacht haben.

Herzliche Grüße und viel Erfolg!

Dein Christian Obad

Folge mir auf Facebook: **www.facebook.de/obadch**
Folge mir auf Twitter: **www.twitter.de/obadc**
Seminarangebote: **www.lorenzo-innovation.de/academy**